19세기 조선의
종부를 만나다

19세기 조선의
종부를 만나다

초판 1쇄 인쇄 2023년 11월 13일
초판 1쇄 발행 2023년 11월 20일

—

기 획 한국국학진흥원
지은이 김현숙
펴낸이 이방원

책임편집 박은창   **책임디자인** 박혜옥
마케팅 최성수·김 준   **경영지원** 이병은

—

펴낸곳 세창출판사
　　　신고번호 제1990-000013호 주소 03736 서울특별시 서대문구 경기대로 58 경기빌딩 602호
　　　전화 02-723-8660 팩스 02-720-4579 이메일 edit@sechangpub.co.kr 홈페이지 http://www.sechangpub.co.kr
　　　블로그 blog.naver.com/scpc1992 페이스북 fb.me/Sechangofficial 인스타그램 @sechang_official

—

ISBN 979-11-6684-266-5 94910
　　　979-11-6684-259-7 (세트)

19세기 조선의
종부를 만나다

유씨 부인의 가계경영과 재테크

김현숙 지음
한국국학진흥원 기획

세창출판사

한국국학진흥원에서는 2022년부터 문화체육관광부의 지원으로 전통생활사총서 사업을 기획하였다. 매년 생활사 전문 연구진 20명을 섭외하여 총서를 간행하기로 했다. 올해 나온 20권의 본 총서가 그 성과이다. 우리 전통시대의 생활문화를 대중에 널리 알리고 공유하기 위한 여정이 시작된 것이다.

한국국학진흥원은 국내에서 가장 많은 민간기록물을 소장하고 있는 기관으로, 그 수는 총 62만 점에 이른다. 대표적인 민간기록물로 일기와 고문서가 있다. 일기는 당시 사람들의 일상을 세밀하게 이해할 수 있는 생활사의 핵심 자료이다. 고문서는 당시 사람들의 경제 활동이나 공동체 운영 등 사회경제상을 이해할 수 있는 자료이다.

한국의 역사는 『조선왕조실록』이나 『승정원일기』와 같이 세계적으로 자랑할 만한 국가기록물의 존재로 인해 중앙을 중심으로 이해되어 왔다. 반면 민간의 일상생활에 대한 이해나 연구는 관심을 덜 받았다. 다행히 한국국학진흥원은 일찍부터 민간에 소장되어 소실 위기에 처한 자료들을 수집하고 보존처리를 통해 관리해 왔다. 또한 이들 자료를 번역하고 연구하여 대중에 공개했다. 그리고 이러한 민간기록물을 활용하고 일반에 기여할 수 있는 방법으로 '전통시대 생활상'을 대중서로 집필하는 방식을 통해 생생하게 재현하여 전달하고자 했다. 일반인이 쉽게 읽을 수 있는 교양학술총서를 간행한 이유이다.

총서 간행을 위해 일찍부터 생활사의 세부 주제를 발굴하는 전문가 자문회의를 개최하고, 전통시대 한국의 생활문화를 가장 잘 구현할 수 있는 핵심 키워드를 선정하였다. 전통생활사 분류는 인간의 생활을 규정하는 기본 분류인 정치·경제·사회·문화로 지정하였다. 이를 기반으로 매년 각 분야에서 핵심적인 키워드를 선정하여 집필 주제를 정했다. 금번 총서의 키워드는 정치는 '관직생활', 경제는 '농업과 가계경영', 사회는 '가족과 공동체 생활', 문화는 '유람과 여행'이다.

분야마다 5명의 집필진을 해당 어젠다의 전공자로 구성하였다. 서술은 최대한 이야기체 형식으로 다양한 사례를 풍부하게 녹여 달라고 요청하였다. 특히 어디서나 간단히 들고 다니며 읽을 수 있도록 쉽게 서술해 줄 것을 부탁하였다. 그러면서도 본 총서는 전문연구자가 집필했기에 전문성 역시 담보할 수 있다.

물론 전문적인 서술로 대중을 만족시키기는 매우 어렵다. 그래서 원고 의뢰 이후 5월과 8월에는 각 분야의 전공자를 토론자로 초청하여 2차례의 포럼을 진행하였다. 11월에는 완성된 초고를 바탕으로 1박 2일에 걸친 대규모 학술대회를 개최하였다. 포럼과 학술대회를 바탕으로 원고의 방향과 내용을 점검하는 시간을 가졌다. 원고 수합 이후에는 책마다 전문가 3인의 심사의견을 받았다. 2023년에는 출판사를 선정하여 수차례의 교정과 교열을 진행했다. 책이 나오기까지 꼬박 2년의 기간이었다. 짧다면 짧은 기간이다. 그러나 2년의 응축된 시간 동안 꾸준히 검토 과정을 거쳤고, 토론과 교정을 진행하며 원고의 완성도를 높이기 위해 분주히 노력했다.

전통생활사총서는 국내에서 간행하는 생활사총서로는 가장 방대한 규모이다. 국내에서 전통생활사를 연구하는 학자 대부분을 포함하였다. 2022년도 한 해의 관계자만 연인원 132명에 달하는 명실공히 국내 최대 규모의 생활사 프로젝트이다.

1990년대 이후 폭발적으로 증가했던 일상생활사와 미시사 연구는 근래에는 학계의 관심이 소홀해진 상황이다. 본 총서의 발간이 생활사 연구에 다시 활력을 불어넣는 계기가 되기를 기대한다. 연구의 활성화는 연구자의 양적 증가로 이어지고, 연구의 질적 향상 또한 이끌 것이다. 그렇게 된다면 전통문화에 대한 대중들의 관심 역시 증가할 것으로 기대된다.

본 총서는 한국국학진흥원의 연구 역량을 집적하고 이를 대중에게 소개하기 위해 기획된 대표적인 사업의 하나이다. 참여한 연구자의 대다수가 전통시대 전공자이며, 앞으로 수년간 지속적인 간행을 준비하고 있다. 올해에도 20명의 새로운 집필자가 각 어젠다를 중심으로 집필에 들어갔고, 내년에 또 20권의 책이 간행될 예정이다. 앞으로 계획된 총서만 80권에 달하며, 여건이 허락되는 한 지속할 예정이다.

대규모 생활사총서 사업을 지원해 준 문화체육관광부에 감사하며, 본 기획이 가능하게 된 것은 한국국학진흥원에 자료를 기탁해 준 분들 덕분이다. 이 자리를 빌려 그분들께 다시 한번 감사드린다. 아울러 총서 간행에 참여한 집필자, 토론자, 자문위원 등 연구자분들께도 감사 인사를 전한다. 책의 편집을 책임진 세창출판사에도 감사드린다. 이 모든 과정은 한국국학진흥원 여러 구성원의 노력이 있었기에 가능했다.

2023년 11월
한국국학진흥원 연구사업팀

차례

"시가 댁을 당도하니 사마마다 초면인대

아난이는 임뿐이라 …

일일이도 눈에설고 가지가지 손에설다

어룬들이 걱정할가 하느라고 조심해도

잘한일은 간곳없고 꾸지럼은 나흔잘네…

알미운 시누들이 어룬들에 이간하야

잘한일은 자기하고 못한일은 재차지라

밤낮으로 짜는방적 석새비는 내차지라

꿀덕꿀덕 상난속에 할망이사 만컨마난

이어룬들 눈치비여 참아진정 말못하고

—「여탄가」

조선 후기 여성의 일상과 희망·애환을 노래한 시가 바로 규
방가사이다. 이 시는 여성에 의해 집필되었고 주인공 또한 여성
이다. 그중 여성 자신이 처한 환경과 신변을 탄식하면서 지은
시의 유형을 '여탄가'라 부른다. 앞의 가사를 읽어 보면, "시집이

라고 와 보니 보는 사람마다 초면이고, 아는 사람은 고작 남편한 명뿐이란다. 처음 해 보는 일이 서툴러 열심히 하려 해도, 조심하려 해도, 실수를 피할 길 없어 결국 꾸지람을 듣는단다. 그뿐이랴! 얄미운 시누이들은 어른들께 고자질하며, 잘한 것은 자신의 몫, 못한 것은 며느리 탓을 하니, 그렇지 않아도 힘든 시집살이는 더더욱 고달프단다. 하루도 빼놓지 않고 해야 하는 방적 중 가장 힘든 몫은 며느리 차지라!" 이처럼 억울하고 할 말도 많지만 어른들 눈치에 꾹꾹 참는 모습이 '여탄가'에 생생하게 그려져 있다. 그동안 우리 사회에서 조선의 여성은 '남존여비', '칠거지악', '삼종지도'로 표현되는 피해자로, 상속에서 배제되고 경제력이 없는 '불쌍한' 존재로 알려져 왔다. 이렇게 기구한 조선 여성의 팔자 이야기는 우리가 익히 들어 온 레퍼토리이다.

노론의 대표적 '산림'으로 19세기 중반 충남 보령에 살고 있던 조병덕의 가족 이야기를 들어 보자. 산림이란 유학자 중 학식과 덕이 높으나 벼슬을 하지 않고 숨어 지내는 선비로 당대의 큰 스승과 같은 존재이다. 그렇다면 그의 식솔들은 유학자인 아버지의 가르침에 따라 효성이 지극하고, 공자의 가르침에 따라 정진하는 이상적인 '성리학적 가족'일 것이라고 상상할 것이다. 그런데, 그의 둘째 아들 조장희는 정진은커녕 시장 근처에 살면서 노비들을 시켜 주변 사람들을 괴롭히고 재물을 빼앗는 등 온

갖 악행과 토호질을 일삼아 유배까지 다녀왔다. 자식 복이 없던 그는 며느리 복도 없었다. 큰며느리는 고부갈등이 심하여 시어머니를 쫓아낼 정도로 억센 여자였다. 둘째 며느리는 남편이 첩을 여럿 거느린 탓에 첩에게 살림 주도권을 빼앗기고 치여 살았다. 셋째 며느리는 착했으나 무능한 남편 때문에 친정살이를 하고 있었다.[2] 우리의 통념과는 아주 다른 이야기이다. 이렇게 남성에 의해 '만들어진' 상을 살짝 걷어 내고 속살을 보면 아주 다른 모습이 눈앞에 펼쳐진다.

조선시대의 종부 유씨 부인 이야기를 들어 보자. 유씨 부인은 안동 김씨 세도가 극성했던 19세기 중반, 충남 홍성 갈산면에 세거했던 안동 김씨 김호근의 집안을 실질적으로 경영한 여성이다. 남편은 과거를 보기 위해 혹은 관직을 얻기 위해 일 년 중 상당한 시간을 서울에서 보냈다. 그러는 동안 그녀는 40여 명이 넘는 노비를 데리고 연중 30여 차례의 봉제사뿐 아니라 가택을 관리하거나 농산물을 재배하는 일까지 담당했고, 인맥 또한 요즘 못지않게 철저하게 관리했다. 출타 중인 남편을 대신하여 손님을 맞이하거나, 남편의 출세를 위해 궁궐의 조대비전이나 서울 안동 김씨 친족들에게 새해 음식(세찬)과 선물을 보내는 것 또한 잊지 않았다.

흔히 조선의 여성은 집안에만 있을 것으로 생각하겠지만,

그녀는 노비들을 시켜 장사를 하기도 했다. 서울에서 귀금속이나 안경 등을 구입하여 주위 사람들에게 소매로 판매하여 수익을 남겼고, 노동력을 이용하여 의복을 제작하여 판매했다. 그리하여 쌈짓돈이 모이면 주변 사람들에게 돈을 빌려주었다. 은행이 없던 시절, 양반들의 대부업은 신용 공급이라는 중요한 역할을 했다. 신용이 약한 노비들에게는 2냥에서 5냥의 소액을 대부해 주었고, 친족이나 평민들은 10냥에서 50냥을 빌려주었다. 이자는 50%의 고액이었다. 그리고 자신이 번 돈은 남편 것이 아닌 자신의 재산으로 챙기는 것도 잊지 않았다. 누가 '금수저' 양반 여성이 상업과 수공업 및 금융업에 종사하면서 살았을 것이라고 상상이나 할까?

이렇게 조선 여성 개개인은 성격과 능력에 따라, 친정과 시댁의 신분적 지위와 경제력에 따라 다양한 편차를 보이며 각자 '유자의 나라' 조선 사회를 살았다. 이제 한 여성의 언문일기(『경술일기』)를 통해 그동안 우리가 궁금하였던 조선 양반 여성의 재산증식 방법과 돈의 사용처, 그리고 가정 관리 방법을 추적해 보도록 하자.

본 책은 필자의 『조선의 여성, 가계부를 쓰다―종부의 치산과 가계경영―』(경인문화사, 2018)에서 분석한 연구 내용을 토대로 집필했음을 밝혀 둔다.

1

수한리
유씨 부인의
언문일기

다락방 오동나무 궤짝 속의 『경술일기』

가을이 깊어 가는 10월 24일에 작성된 유씨 부인의 일기에
는 우리가 일반적으로 알고 있는 일기와는 다른 형식과 내용이
담겨 있다.

1849년 10월 24일 맑음
행촌 나리께 편지를 부쳤다. 막돌이가 꿀 두식기 가웃
(두그릇 반)을 넉냥(4냥)에 사고, 경화의 회갑에 갈비 한
짝을 보냈는데 막돌이가 팔전(8전)에 사 왔다. 왕동댁
에서 받은 돈 엿냥 두돈 오푼(6냥 2전 5푼)은 내 저고리를

판 값이고, 석 냥 너 돈 오 푼(3냥 4전 5분)은 내 옥잠(옥비녀) 판 것을 받은 것이다.

—『경술일기』

일기란 대체로 날마다 그날그날 겪은 일이나 생각, 느낌 따위를 적는 개인의 기록을 뜻한다. 위의 유씨 부인 일기는 업무 일지나 가계부처럼 보인다. 10월 24일 부인은 무슨 용무인지는 모르지만 인근 마을에 살고 있는 일가 친족 남자 어른께 편지를 보냈다. 아마도 남편이 서울로 출타 중이어서 11월 9일에 지내야 할 차례의 제관 역할을 요청한 것이 아닌가 여겨진다.[3] 그리고 노비 막돌이를 시켜 고가의 식재료인 꿀을 4냥어치 사 오고, 갈비도 한 짝 구매하여 경화의 환갑 선물로 보냈다. 그리고 자신이 그날 받은 저고리와 옥비녀를 판매한 값으로 총 9냥 7전을 기입하였다. 양반집 맏며느리(종부)가 자신의 저고리와 비녀를 팔았다는 이야기는 우리가 상식적으로 생각하는 조선 양반의 모습과 거리가 멀다. 이 일기에는 돈의 흐름과 출납을 구체적으로 적은 다른 이야기들도 종종 등장한다.

당시 대부분의 남성이 생산한 자료들, 즉 행장[4]이나 제문에는 양반 여성임에도 불구하고 '바느질과 길쌈에 힘썼다', '밤낮 없이 베를 짜다', '치산으로 집안을 일으켰다'는 등의 서사가 종종 등장하는데 구체적으로 어떻게 그것을 했는지에 대한 이야기는 빠져 있거나 다소 막연하게 그려져 있다. 그동안 여성사를 연구하는 학자들은 조선시대 여성들의 아름다운 덕행으로 칭송되던 가사노동과 가계 운영이 구체적으로 어떻게 수행되었을지에 관한 궁금증이 컸다. 아마도 '돈은 어디에서 났을까?' 하는 물음이 핵심이었을 것이다.

필자는 우연한 기회에 충남 홍성 갈산면 수한리에 세거했던 안동 김씨 선원파 가문의 다락방에서 종부 기계 유씨(1818-1875)의 언문 일기를 발굴할 행운을 가졌다. 안타깝게도 이 일기는 170여 년 동안의 습기와 쥐의 습격 속에서 일부만 살아남아 1849년부터 1851년까지 약 1년 반 가량의 기록만이 전해져 내려올 뿐이다. 그렇지만 조선시대 여성의 일기로는 유일하게 남평 조씨의 『병자일기』(1636-1640)만 현존하고 있다는 점을 감안할 때 『경술일기』의 발견도 역사적 사료로서 소중한 가치가 있다고 본다. 더욱이 다른 일기와는 달리 일종의 가계부적인 성격이 강한 것으로 하루의 금전 출납과 주요 일과 및 사건들을 기록하고 있어 조선시대 한 가정의 경제생활을 엿볼 수 있다는 점에서 뜻이 깊다. 본 책에서는 『경술일기』를 토대로 19세기 중반 종부의 가계경영과 그 시대를 엿보기로 한다.

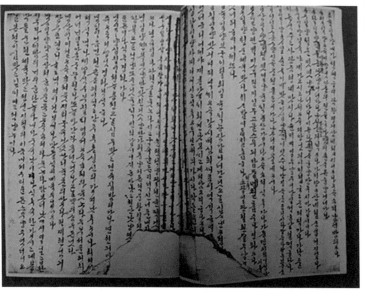

그림1 경술일기

유씨 부인, 23세에 시집오다

본 일기의 주인공인 유씨 부인(1818-1875)의 본관은 기계 유씨로 고향은 부여로 추정된다. 그녀의 부친은 유장환兪璋煥 (1784-1847)이고 그녀의 중조부 유언지兪彦摯는 홍주목사를 역임한 것으로 기록되어 있어, 양반 신분임이 틀림없다.[5] 어머니는 금천 강씨(?-1833)로 슬하에 2남 2녀를 두었는데, 그녀는 막내딸이었던 것으로 보인다. 그녀가 김호근에게 시집을 오게 경위는 둘째 오빠 유치준兪致駿(1805-?)의 부인이 안동 김씨 김주순金疇淳의 딸로 남편 김호근과는 동고조하의 재당숙질(7촌)지간이 되는데, 아마도 둘째 올캐가 중매를 서지 않았나 추정되며 이러한 유형의 혼사는 조선 후기에 흔히 나타나는 형태이다.

그녀가 살았던 시기는 이른바 안동 김씨 세도 정권기이다. 비록 서울의 세도가 김조순 가문은 아니지만, 그녀의 시댁은 19세기 세도를 잡았던 안동 김씨 서울 경파 계열 중 하나이다. 이 집안은 세도 정권의 핵심 가문인 김상헌의 형이자 강화도에서 순절한 우의정 김상용仙源 金尙容(1561-1637)을 파조派祖로 하며, 김상용의 셋째 아들인 김광현水北公 金光炫(1584-1647, 이조참판, 호조참판)[6]이 병자호란 당시 홍주 오두촌(현 갈산면 오두리)에 은거하면서 홍성 갈산면에 세거하게 되었다. 김광현의 후손 중에서 과거제가 폐지되는 1894년 갑오년까지 무려 43명의 문과 급제자와 21명의 판서(실직)와 1명의 정승이 배출되었다. 이들은 스스로 안동 김씨 '수북공파'로 칭하며, 이른바 '갈미 김씨'로서 일체감과 정체성을 유지하였다. 그리고 서울의 세도가인 김상헌계를 측면에서 지원하고 필요한 친족 관료군을 지속적으로 공급하는 집단으로 역할하였다. 이 집안의 유명한 인물로는 갑신정변을 일으킨 김옥균, 을미의병과 파리장서사건으로 유명한 김복한, 청산리 전투의 김좌진, 농상공부대신과 대동단 총재를 역임한 김가진, 그 이외에 김동진, 김연진, 김은동, 김익한, 김노동 등 독립운동에 참여한 인물들이 많다.

부인의 남편인 김호근金好根(1807-1858)은 나이 34세가 되어 진사시에 급제하고, 1850년이나 되어 대과 초시에 합격한 것으로 보아 그리 공부를 열심히 하지 않은 것 같다. 그의 동생 김학근(1826-1895)이 문과에 급제하여 공직에 나아가 이조참판을 역임한 것과 대비되는 모습이다. 부인의 아들 병대炳大는 동부도사, 홍산현감을 거쳐 대한제국기에 4품직과 중추원의관직을 역임하였고, 둘째 아들 병두炳斗는 정릉참봉과 의금부도사를 지냈다. 이에 비해 부인의 사위 이도재李道宰(1848-1909)는 문과에 급제하여 군부대신과 외부 및 학부대신을 역임하였으며, 대쪽같은 반일인사로 유명하다. 이처럼 이 집안은 양반으로서의 가격家格을 유지하는 동시에 중앙 정계와 정치, 혈연적으로 매우 밀접한 네트워크를 갖고 있었다. 유씨 부인이 시집을 온 갈미 김씨의 가계는 이른바 향촌의 '금수저' 집안이라 할 수 있다.

1841년 유씨 부인은 23세의 꽃다운 나이에 상처한 34세의 김호근과 결혼하였다. 무려 11세나 나이 차이가 났고, 전처가 낳은 두 딸이 있는 남자였다. 부인은 결혼하자 이듬해 큰아들 병대(1842-1914)를 낳고 5년 후 둘째 아들 병두(1847-1924)를 낳았다. 그리고 딸을 두었는데, 출생연도는 알 수 없다. 사위의 출생연

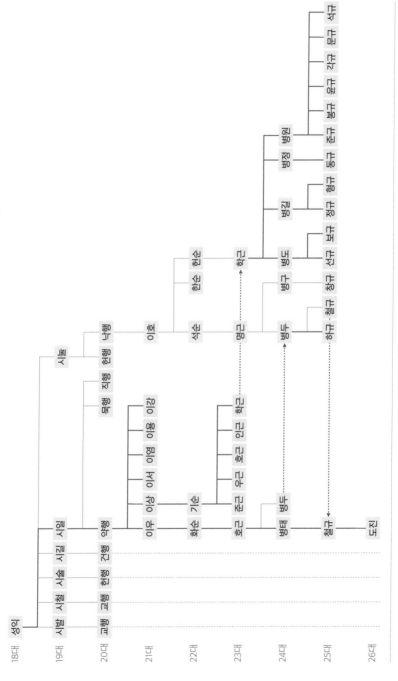

그림 2 ┈┈┈▶ 양자 출계 표시, 안동 김씨 養齊公諱時逸 출계후손 계보

도가 1848년이고 당시 2-3세 연상의 여성과 결혼시키는 관행을 감안해 볼 때, 아마도 1845년과 1847년 사이로 추정된다. 이렇게 유씨 부인은 수한리에서 남편 김호근과 자녀들, 그리고 이들의 시중을 드는 43명의 노비들과 함께 큰 살림을 꾸려 나갔다.

지도에서 사라진 마을, 수한리

유씨 부인이 거주했던 수한리水閑里는 지도에서 사라진 마을이다. 현재의 행정구역으로는 충남 홍성군 갈산면 운곡리와 대사리 경계에 걸쳐있는 지역으로, '물한이' 혹은 '물안리'라는 명칭으로만 남아 있다. 부인이 살았을 당시의 수한리는 홍주목 고남면에 속한 마을로, 11호의 편호에 남자 29명과 여자 43명으로 구성된 작은 마을이었다.

수한리는 현재의 갈산면 소재지인 상촌에서부터 불과 2km 이내에 위치해 있다. 물한이 하천이 마을 중심부를 흐르고, 해발 100m 정도의 야산들이 주위를 에워싸고 있다. 마을 북쪽에는 봉화를 밝혔던 봉화산(228m)과 삼준산(490m)이 있다. 현재 북쪽에는 대사저수지가 축조되어 있지만, 조선시대에는 바로 이 저수지 안과 물한이 하천 양안 지역이 마을의 주된 농경지였음을 짐작케 한다. 【그림 3】에서 보이는 전경이 바로 대사저수지와 하천 양안의 농경지이며, 대체로 남향을 하고 있으며, 물이 풍부하여 논 농사가 발달되어 있다.

수한리의 일부 지역이 편입된 마을이자 김호근의 친족들이 대대로 거주했던 운곡리는 사방이 200-300m 사이의 산으로 둘러싸인 아늑한 분지 마을이다. 2001년도 개통한 서해안 고속도로가 마을 안을 가로질러 부설되면서 마을 경관을 해치고 있지만, 과거에는 풍수지리학상 길지로 꼽히는 마을로 사족들이 모여 살기에 손색없는 전통 마을의 경관을 갖추고 있었다. 이 마을의 주된 농경지대는 마을 가운데에 흐르는 하천과 그 주변 지역이며, 산자락 부근에는 밭농사가 발달되어 있다.

수한리와 운곡리, 그리고 그 일대는 이른바 '갈미 김씨'들이 집단 거주하는 지역이다. 특히 갈산과 결성, 홍주, 예산, 공주, 부여 등은 이 집안의 친족들이 거주했던 지역적 공간이다. 이 중 갈산 지역은 예로부터 서울에 근거를 둔 양반 관료층의 본향으로 많이 언급되는 지역이다. 갈산은 낮은 구릉들과 와룡천 주변으로 평야가 발달하였고, 서울에서 도보로 6일이면 왕복할 수 있는 거리였다. 해안을 통해 수운 또한 발달하여 쌀을 실은 선박과 어선들이 줄지어 서울로 향하는 길목이기도 했다. 이에 이 지역을 포함한 내포 지역은 경화사족들의 세거지로서 주목

받았다. 왕실이나 벌열 가문들의 장토가 많이 설치되었고, 이른
바 내포 문화라는 지역 문화를 발달시켰다. 그러나 일제강점기
이후 철도 부설과 산업화에서 밀려나 지금은 한적한 시골로 남
아 있다.

유씨 부인의 시댁, 즉 '갈미 김씨'들은 향촌이나 지역의 유지
로서 권력을 획득하거나 지역민에 대한 관심보다는 중앙 정치
권력의 움직임에 매우 민감했다. 김호근을 비롯한 이들은 출사
와 과거 준비를 위해 서울과 인근 지역에 집을 소유하였을 뿐

그림 3 수한리 전경(현 갈산면 대사리)

오른쪽에 보이는 자연마을이 오늘날의 물한이(수한리)이다

그림 4 조선총독부, 갈산면 수한리, 1915

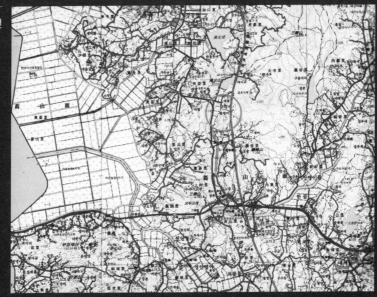

그림 5 2000년도 이후 갈산면 수한리 일대 지형도

아니라, 수시로 서울을 왕래하였다. 유씨 부인 또한 서울과의 서신 교환을 통해 친족 남성들의 유배 소식 혹은 관직 진출에 관련된 소식을 시시각각 접하고 있었다. 이처럼 이들은 충청도의 세족대가世族大家로서 반경반향半京半鄉이라는 정체성을 갖고 있는 것으로 보인다.[7] 부인의 세계와 네트워크는 수한리와 갈산이라는 지역을 넘어서 서울과 전국으로 확대되어 있었고, 특히 서울의 생활 문화에 친밀감을 보인다는 특징을 갖고 있다.

"대원군 시기까지는 잘살았다"

김호근가의 재산이 어느 정도였기에 안방마님인 유씨 부인이 그렇게 열심히 돈을 벌고자 했을까? 부인이 생활 전선에 뛰어들지 않으면 먹고살기가 힘들었을까? 이 집안의 경제력을 확인하기는 쉽지 않다. 전해지는 당대의 추수기나 토지문서가 존재하지 않기 때문이다. 김호근의 증조부인 김약행의 『적소일기』를 보면,[8] 경제상의 어려움을 호소하고 있는 대목이 종종 등장한다. 본인과 부친이 수차례 귀양살이를 하면서 경제적으로 어려웠던 것으로 판단된다.

그러나 『경술일기』에는 재정적인 어려움을 암시하는 기사가 없는 것으로 보아 김호근 대에 이르러서는 경제 상황이 호전되었던 것으로 추측된다. 음력 10월 말경, 술 제조와 일꾼들 식사를 위해 '구즌쌀'을 정미하는 기사가 나온다. '구즌쌀'이란 지난해 생산된 묵은쌀을 의미하는 것으로 추수가 끝난 후에도 잉여 식량인 묵은쌀이 있다는 것은 식량이 넉넉하고 경제 형편이 양호했다는 것을 뜻한다. 또한 일기에 등장하는 40여 명의 노비의 존재와 그들의 생계를 책임져야 하는 주인의 의무를 감안해 볼 때, 김호근가는 43명의 노비와 5명의 식구가 먹고살 수 있는 재력이 있었다는 뜻이다. 집 근처의 농지에서는 가내 수요를 위한 채소류 정도만 재배하고 있으므로, 대부분의 수입과 식량은 외부 소작지에서 공급받았을 것으로 추정된다.

김호근가의 종손의 증언에 의하면 식민지기 이 집안의 농지 규모는 약 300석 규모였다고 전한다. 실제로 당시 작성한 『토지장부』를 확인해 보면 전답과 대지는 총 56,480평, 임야는 108,310평으로 합산된다. 논의 규모는 18,589평으로 약 93마지기이며, 밭의 규모는 36,981평으로 약 185마지기이다. 식민지기 이 지역의 평균 생산량인 논 1마지기당 1.5석, 밭은 1석으로 추산해 볼 때 약 324.5석이 나온다. 종손의 증언과 대략 일치하고 있다.

김호근 대의 토지 보유 상황에 대한 정보는 없지만, "대원군

기까지는 잘살았다"라는 후손들의 증언을 통해 양호한 경제 상황을 짐작할 수 있다. 19세기 단위당 미작 생산량을 고려할 때 300석의 규모는 상위 1%에 속하는 정도로, '봉제사 접빈객'[9]을 감당할 수 있는 재산 규모였을 거라고 판단된다.[10] 그러나 500석 규모의 재산도 흉년이 들 때는 끼니를 해결하는 데 애로를 겪는 정도라는 기존의 연구를 감안할 때, 지주가에서는 평균 3년에 한 번씩 닥쳐오는 재난과 흉년을 대비하여 수입구조를 다변화하는 등 방책을 강구했을 것이다.

또한 일기에 나타난 이 집안의 지출 규모는 상당했던 것으로 보인다. 우선 빈번하게 행해지는 봉제사, 접빈객, 선물 송출, 서울로의 여행 경비와 서울집 생활비 외에도, 1회에 30-40냥가량 소요된다는 과거시험, 부조금, 첩과 서얼의 존재 등 남성이 단독으로 지출하는 규모도 큰 것으로 나타난다. 따라서 유씨 부인은 남편이 주는 생활비 외에 많은 돈이 수시로 필요했고, 이를 위해 안방마님은 생활 전선에 뛰어들었던 것으로 보인다.

2

안방마님의
노비 경영

'사적인' 영역과 경영의 대상인 노비들

　19세기 중반 김호근가에는 '공적인 공간'에서의 남편 일과 '사적인 공간'에서의 부인 일이 정확하게 구분되고 있다. 가장인 남편은 과거 준비와 가례의[11] 수행, 소작지 관리 및 기타 '밖'의 업무를 담당하고 있었다. 한편 부인은 '안'의 업무를 관장하였는데, 일기에 나타난 총 43명의 노비들을 부리며 3명의 자녀를 키웠다. 또한 집에 방문한 133명의 손님 접대, 일년 30여 차례의 제사 준비, 외부로의 수많은 선물 송출, 가족 및 개인의 사회적 네트워크 등을 관리하였다.

　부인은 이른바 '사적 영역'으로 인정받고 있는 안살림, 즉 가계경영에 대해서는 가장이나 다른 어느 누구의 간섭을 받지 않고 전권을 행사하고 있었다. 여기서 전권이란 가사에 필요한 재화의 처분권, 노비 인사권, 노동력 배분권, 그리고 가사 운영권을 의미한다. 가계 구조상 그녀는 사회적으로 지위와 권위를 인정받는 종부였으며, 직접적으로 시집살이를 시킬 수 있는 시부모는 사망한 상태였다. 남편 또한 상당 기간 동안 서울에 체류하면서 과거 준비에 몰두거나 출타 중이므로 간섭하거나 영향력을 행사할 상황이 아니었다. 또한 "남자는 집안의 일을 말하지 않고 여자는 밖의 일을 말하지 않는다"라는 「내외법」[12]의 논리가 그녀에게 가정 운영과 자녀 양육에서 전권을 행사할 수 있는 명분이 되었다. 조선의 종부들은 비록, 밖에서는 구별당하고 차별받았지만, 안에서는 독자적인 영역을 인정받았다고 할 수 있다.

유씨 부인의 일기에는 경영의 대상자들인 노비들의 이름이 무수히 등장한다. 사득, 상득, 천금, 천만, 판손, 판길, 판금, 판절, 개금, 개덕 금례, 금열, 금섬 등이 기재되어 있으며, 그들을 부를 때에는 종·노복·년·놈·계집종·남노·'것'의 호칭이 나오고 있다. 예속민으로 추정되는 사람들도 등장한다. 차복, 원섬, 귀점, 옥복이, 춘매, 춘금, 늦네, 검손 어미, 조잘이 어미 등이 그들인데, 갈치나 계란 등을 들고 유씨 부인에게 문안 인사를 핑계로 청탁을 하거나 돈을 빌려 가는 사람들이다. 그밖에 사람들은 교군·상군·장군·일군·성명 등 직업에 따른 명칭이나 이름으로 표기되고 있다. 양 집단 호칭 중 가장 큰 차이는 노비를 지칭할 때는 비인격적 사물인 '것', 예속민을 지칭할 때는 인격적 사물인 '사람'으로 부르고 있다는 점이다. 바로 이들이 부인의 관리 대상자이다.

그런데, 한 집안에서 일하는 노비의 수가 40여 명이나 된다고? 기존의 연구에 따르면 19세기는 노비제 해체기로 알려져 있다. 사노비들의 도주, 그리고 노비 면천법의 실시로 노비들도 합법적으로 신분 상승이 가능해졌다. 결국 공노비의 노비안이 유명무실해지자 1801년 순조는 중앙관서에 소속된 공노비를 해방시켰다. 1886년 고종이 노비세습제 폐지를 공포하면서 조만간 종말을 고할 것으로 예측되었고, 1894년 갑오개혁을 기하여 완전히 폐지되었다. 이같이 19세기에 들어서면서 지주가와 양반가에서 소유하고 있는 노비의 수는 대폭 감소하여 호적대장에는 많게는 10명, 대체로 1-2명 정도만 기재되고 있었다. 이같은 현상에 대해 학계에서는 노비제 해체기를 반영한다고 해석하였다. 그러면 유씨 부인의 집에는 왜 이리 노비가 많이 있을까? 혹시 일반 고용인들이 아닐까?

이 집안에는 유씨 부인이 생존해 있던 1861년도와 1867년도

그림 6 함남북청 청해백 자손 집안 노비, 국립중앙박물관

호구단자가 전해져 내려오고 있다. 이 두 개의 호구단자에 각 각 32명과 28명의 노비가 기재되어 있다.[13] 즉 노비가 일기에 기재된 43명이 아닐지라도 적어도 32명은 실재했다는 이야기이다. 종손의 증언 역시 노비의 존재를 뒷받침하고 있다. 그렇다면, 이런 현상을 어떻게 이해해야 할까? 과연 노비제는 종말을 고하고 있었을까? 많은 고문서에서 나타나듯이 육족六足, 즉 두 발을 갖는 노비와 네 발을 갖고 있는 말은 양반이 행차할 때 동반해야 할 필수품이었다. 또한 종가집에서 '봉제사 접빈객' 업무를 수행하려면 상당량의 노동력이 확보되어야 한다. 현재 공장에서 생산하여 판매하는 많은 식재료와 물품, 품이 많이 들어가는 정미 작업, 요리, 가옥 관리 등을 모두 사람의 손을 거쳐야 하기 때문이다. 노비 노동을 대체할 다른 수단이 등장하지 않는 한 노비제의 소멸은 시간이 좀 더 필요했을 것으로 보인다.

북적거리는 찬방과 노비의 업무

유씨 부인은 자신의 노비(종)들에게 어떤 업무를 부여했을까? 먼저 남자 노비인 노奴의 경우를 살펴보자. 일기에 등장하는 약 19명의 가내사환 노들은 다수가 농사일보다 물건 구매와 장거리 선물 및 편지 교환, 집안 내 다양한 잡무와 가마 메는 업무에 종사했다. 이 중에서 9명의 남자 노들은 서울과 황해도 방면의 편지 및 물자 수송에 수시로 교대하면서 동원되었다. 노의 절반이 물자 수송 업무에 할당된 것은 이 집안의 사회적 지위와 연망이 전국적으로 확대되었기 때문이다. 또한 남편과 아들이 서울에서 장기간 체류하고 있었기에 이들과의 서신 및 물자 교류가 빈번했을 것으로 보인다.

일기가 작성되는 동안에 관손이가 서울을 2회, 금례, 중천, 청록, 충선이 서울을 각 1회씩, 운천과 청록이 청양에 각 1회씩, 그밖에 이름이 기재되어 있지 않은 종이 서울에 4회, 황해도에는 2회를 왕래하고 있다. 또한 남편이 서울에서 수한리로 귀가할 때는 가마꾼 서너명이 수행했음을 알 수 있다. 물론 이 수치는 상대편에서 보낸 종의 수와 인근 지역에 보낸 종의 수는 제외한 것이다. 이처럼 이 집안은 물자 및 편지 수송에 많은 인력을 투입했다는 특징이 있다. 이는 양반가에서 사회적 네트워크를 유지·확대하기 위해 노력했음을 방증하며, 조선시대의 거리와 공간 개념은 생각보다 가까웠을 것이라는 추측도 가능하다.(『경술일기』, 1850년 2월 27일)[14]

한편 유씨 부인의 오른팔인 막돌이는 다른 중요한 업무에 투입되었다. 부인은 여성복과 장신구 등을 제작·판매하여 현금을 확보한 후 이를 이용하여 고리대를 하는 모습이 포착된다. 이때 부인은 믿음직한 막돌이를 통해 돈을 대출하거나 회수하고 있다. 그 외 다른 노들은 집안 심부름, 물품 구매, 소규모 제초, 씨 뿌리기, 밤 수확, 땔감 장만, 제사에 쓰이는 세육(고기) 담당 등의 작업에 종사하였다. 이 외에 지붕과 울타리 등의 집 보수 작업도 중요한 업무 중 하나였다. 그러나, 외부에서 농사를 위해 대규모 노동력이 동원되는 경우 이들에게는 감독 역할이 주어진다. 노동 조직은 대체로 노 1명에 외부 노동력 15명 내지 30명씩으로 편제되어 있으며, 함께 노동과 식사를 했던 시스템이었을 것이다.

유씨 부인은 여자 노비인 비婢들에게 다양한 가내 업무를 담당시켰다. 비들은 식사나 빨래·청소·제수 준비·용정(정미 작업)·김장·참기름 짜기 등 가사 일이 주 업무이나 밤 수확·농번기 제초 작업 및 수확 등 농사일에도 동원되었다. 또한 바느질·양잠·목화 및 면포 작업도 주요한 업무 중 하나였다. 그 외에도 근거리 잔심부름이나 주인 대신 대리 문병 혹은 조문도 다닐 뿐더러 인근 친족들에게 편지나 세찬 등을 돌리는 사환역도 겸하고 있다. 특히 새해에 남편이 인근 친족 어른들에게 새해 인사를 다녀왔음에도 불구하고 유씨 부인은 판절이를 방곡댁에, 복매를 노호댁에, 점래를 오곡댁에, 판업을 야계댁에 보내어 새해 인사를 대행시켰다. 물론 그 반대로 지곡댁 종과 오곡댁 종이이 집에 다녀간 것도 기록되고 있다. 부인은 자신의 비를 친족집에서 김장이나 메주 만드는 작업, 혼·상례 업무 등 대규모 노동력이 일시에 필요할 때 파견 근무도 시키곤 했다. 물론 반대급부도 예상할 수 있으므로 일종의 품앗이 형태라 볼 수 있다.[15]이렇게 여성 노동력은 다방면으로 쓸모가 많았기 때문에 유씨부인 일기에도 비의 수가 더 많이 등장한다.

작업 배분과 경영 비법

안방마님의 노비 다루는 솜씨를 보기로 하자. 먼저 경영 체계를 파악해 보자. 유씨 부인은 최종 결정자이자 감독관이다. 그 아래 수노首奴인 막돌이가 집사로서 부인의 명을 받드는 집행자이자 부감독 역할을 담당한 것으로 보인다. 그리고 그 밑에는 직접 업무를 담당하는 42명의 노와 비로 구성되어 있다. 그밖에 일손이 추가로 필요할 때마다 고용되는 고공들, 그 외 정주댁, 정화, 물화 어멈 등이 그녀의 명을 받아 업무에 종사하고있었다. 부인은 실질적인 인사권을 갖고 각각 업무를 배분했다.

유씨 부인의 작업 배분은 일정한 기준과 계획하에 이루어졌던 것으로 보인다. 그것은 매일매일 용정(정미) 업무를 수행하는 노비의 이름, 배분된 벼의 양, 그리고 수납되는 쌀의 양을 정확히 일기에 기록하는 것에서 확인된다. 그녀는 심지어 노비들의 휴가 일수를 비롯하여 먹는 끼니의 수와 양까지도 자세히 기재하고 있다. 노동력을 많이 요하는 메주 작업도 용정 작업과 마찬가지로 행랑채 13집에 골고루 배분되고 있다. 이 작업은 메주콩 삶기 → 콩 으깨어 메주 만들기 → 메주 띄우기 등 시간과 노동력이 필요한 것으로, 작업의 양과 배분도 일정한 작업 기준과 배분 원칙에 따라 행해지고 있음을 감지할 수 있다. 그녀의 작업 분배 방식은 다음과 같은 특징을 보인다.

첫째, 부인은 노비들이 수행하는 다른 가사노동과의 양을 고려하여 용정의 양과 빈도를 배분하고 있다는 점이 눈에 띈다. 한 사람에게 일이 가중되어 불만의 소지가 되는 것을 미연에 방지하겠다는 뜻이다.

둘째, 특정 노동은 주인집이 아닌 노비의 집에서 행해진다는 점이 특이하다. 노비들은 주인집에 거처하면서 공동으로 작업하는 것인 일반적인 형태이다. 그러나 부인은 용정이나 메주 제작의 경우 작업량을 배분하고 각자 집에서 작업을 끝낸 뒤 생산물을 납품하는 방법을 사용하고 있다. 이때 동일한 업무를 수행할 때 확보해야 할 작업장과 작업 도구들이 필요 없게 되어 경제적이며, 작업 과정을 감독할 필요 없이 결과물만 확인하게 되어 효율적이다. 바로 노비 노동이 시간제가 아니라 성과제로 운영된다는 뜻이다. 물론 이 같은 것은 업무에 따라 차이가 있다. 즉, 김장이나 요리 등은 주인가에서 수행하지만, 결과물이 예측 가능한 용정이나, 메주, 가래떡 제작 등은 각 행랑처에 배분했다는 점에서 유씨 부인의 효율적인 노비 경영을 엿보게 한다.

마지막으로 제사나 기타 행사 등 예측 가능한 업무는 미리 계획하여 재화나 재물을 준비했던 것으로 나타나고 있다. 이렇듯 부인의 가계 경영은 나름 구조화되었으며, 계획하에 진행되었다고 할 수 있다.

한편 노비들은 집단 휴가나 개인 휴가를 받았던 것으로 보인다. 추수기와 농번기 등 집안의 주요 업무가 끝나면 부인은 한 해 동안 애쓴 노비들에게 휴가를 일괄 보내기도 하였다(『경술일기』, 1849년 10월 6일). 각기 필요에 따라 단기 휴가도 얻었는데(『경술일기』, 1849년 10월 6일, 1850년 5월 1일-3일), 주로 자신의 농지에서 농사를 짓거나 수확하기 위해 봄 가을철로 휴가(말미)를 얻고 있다. 시월의 경우 남편의 삼년상을 치르기 위해 4일 동안 휴가를 받기도 하였다(『경술일기』, 1850년 3월 8일). 그밖에도 김장이나 고된 노동이 끝난 후 상전의 배려에 의해 임시 휴가도 얻었다.

유씨 부인은 설이나 추석, 호미씻이, 단오 등에는 흰떡 3말을 하여 노비들에게 2가래씩 나누어 주거나(『경술일기』, 1849년 12월 30일), 일 년에 수차례 '해자밥'을 하여 한턱내기도 하였다. 해자밥이란 농번기나 추석·설 등 명절에 밥과 술을 한턱내는 것을 뜻하는데 해자밥 혹은 호미씻이 등 여러 가지 용어로 불리고 있다. 일기에는 총 5차례의 해자밥 기록이 나온다. 대개 설과 추석 명절 준비로 노비들이 강도 높은 노동을 행하는 기간이나 11월 추수가 끝난 후에 집중 분포되어 있다. 또한 노비들의 환갑 등 특별한 날에는 갈비 한 짝을 보내거나 선물을 보내기도 하였다(『경술일기』, 1849년 10월 24일). 그 외 노비 가정에 제사가 있을 때에는 제수품도 잊지 않았다(『경술일기』, 1850년 3월 8일). 이러한 일련의 행위는 노비들의 복지에 해당하는 것으로 양질의 충성스러운 노동력을 확보하고 불만을 잠재우기 위한 조치로 보인다.

　　이처럼 양반가의 노비 관리는 중요한 사안이었다. 노비 노동은 가정경제를 지탱하는 핵심 수단이었기에 그들의 근면과 충성은 필수적이었고, 유자儒者가 인仁을 수양하는 방편으로 노비를 활용했기에 긴요한 것이었다. 이에 송시열 등은 「노비부리는 도리」 등을[16] 작성하였는데, "회초리와 음식"을 병행하는 강온책, 즉 은혜로움과 엄격함을 병행하는 것이 일반적인 방법이었다고 할 수 있다. 안동 김문의 김양행은 「거가의절」을 집필하여 남녀 종에 대한 교육과 훈계 등을 세세하게 제시하고 있는

데 이 집안에서도 엄격하고도 세밀한 노비 사역 기준이 전해진 것으로 판단된다. 그 내용 역시 상과 벌이 혼재된 것으로, "충성스러운 자는 음식과 재물, 의복으로 보상하고, 태만하고 죄를 지은 자는 회초리를 가한다"라는 유희춘의 방식과 유사했을 것으로 보인다.[17] 이러한 조선의 노비 관리는 대를 이어 각 가문에 전해졌을 것이며, 유씨 부인도 이 방식을 따랐을 것이다.

농사력과 일꾼들

수한리 유씨 부인의 집도 향촌사회의 일반 농가처럼 1년 24절기에 따라 농사가 행해지고 있다. 대부분 가내 소비를 위한 농사와 노동으로 보인다. 음력 3월 청명부터 본격적인 농사철이 시작된다. 주로 남자 노비들과 고공들에 의해 밭과 논 갈기가 행해지는데, 동원되는 일꾼은 많을 때는 9명, 적을 때는 3-4명 정도이다. 논이나 밭의 크기는 나타나지 않으나, 2차에 걸쳐 씨를 뿌렸으며, 1차에는 벼 한 말(1두) 정도를 파종했다. 그 외에도 과일 심기와 여성 노비들의 겨울 빨래와 다리미질이 집중적으로 행해졌다.

4월과 5월에도 농사가 계속 진행된다. 이 중 양잠이 큰 비중을 차지하면서 기술되고 있다. 3월 28일에 누에를 놓기 시작하여 4월 16일부터 26일까지 총 9번에 걸쳐 노복 5명을 동원하여 뽕잎을 따고 있다. 아울러 목화밭, 고추밭의 제초 작업을 위해 10여 차례 노동력을 투입되고 있는데, 많게는 9명, 적게는 3-4명의 비와 노의 노동력을 동원하고 있다. 6월에 이르면 목화밭 제초 작업과 목화 타기, 기타 제초 작업이 이루어지는데 5월에 비해 적은 노동력이 투하된다. 7월 말에 이르면 가을 김장을 위한 파종 준비와 지붕과 울타리 수선 등에 노동력이 동원된다. 8월에는 가을 배추·무·목화밭의 제초 작업이 시작되고, 추석 준비에 여념이 없다. 또한 집에서 필요한 옷장을 짜기 위해 장인을 부르기도 했다.

9월은 가을 수확철이다. 햇벼를 말리고, 부인의 논에서 벼를 두 섬 두 말(2석 2두)을 거두었다고 기술하고 있다. 그러나 자신이 관장한 논 외에 다른 논의 추수 내용이 기재되지 않는 것으로 보아, 추수는 남편의 담당 업무이며, 기타 소작지에 대한 추수기는 남편에 의해 작성된 것으로 판단된다. 9월과 10월은 농촌에서 일 년 중 바쁜 달이다. 노동력이 부족한지 외부에서 노동력을 구매하여 지붕과 담장 보수 등 겨울을 위한 집수리에 여념이 없었다. 담장 수리에는 일꾼 18명과 지붕 이엉 엮기에는 20명이 동원되었다. 이후 본격적인 김장 준비에 들어갔다. 10월에는 밭에서 무와 배추를 캐서 김장을 준비하는 데 노복이 대략 7명 정도 동원되었다. 또한 다음해 봄에 수확할 마늘 600쪽도 파종하였다.

11월에는 가을 농사와 겨울나기 준비가 계속되었다. 수수밭 갈기와 면포 제작, 겨울 땔감 준비에 많은 노동력이 동원되고 있다. 이 집의 연료는 일 년에 3차례 대규모로 준비했던 것으로 보인다. 이때 집에 있는 남자 노비 외에 외부에서 노동력을 사 온다. 4월과 7월에는 약 20명 이상의 노동력을 동원하지만, 겨우내 사용할 땔감을 준비하는 10월에는 3차례씩 각각 34명, 15명, 31명의 일꾼을 고용하였다.

이상은 일기에 기술된 내용을 토대로 정리한 것이다. 그러나 일반 농가에서 행하는 시비(거름) 준비나 가을 타작, 농기구 수리 및 가마니 짜기 등은 누락되어 있어 자세한 내용을 알 수 없다. 한편 일기에 나오는 농사의 종류는 벼·목화·팥(수확량 6말)·콩(수확량 6말)·보리·참깨(수확량 1말 반)·담배(수확량 1장)·마늘(600쪽 파종)·무(50개 종자)·홍당무(10개 종자) 등을 들 수 있다. 한편 오리와 닭, 말을 키운 것이 확인되나, 소나 돼지는 언급되지 않았다.

비록 불충분한 일기 내용이지만, 다음과 같은 점을 확인할 수 있다. 먼저, 이 집은 대규모로 농사를 직영하지 않는다는 점이다. 대체로 가내 소비를 위한 정도만 생산한다. 그러나 일기 곳

곳에 나타나는 쌀의 소비량을 보면 외부에서 상당량을 공급받지 않고서는 감당할 수 없는 규모이다. 가을 추수기에 황해도 해주·황주, 전라도 임실 및 각처의 봉물이 적게 들어와 서울에 있는 남편에게 확인할 것을 편지로 부탁했던 것으로(『경술일기』, 1849년 11월 2일) 보아, 이 집은 소작료 외에 전국 각지에서 봉물이 수납되었던 것으로 추정되며, 이는 남편의 담당 업무인 듯하다.

다음으로 유씨 부인은 대규모 노동력이 집중 투하되는 농사철·양잠철과 땔감 준비, 지붕 고치기 등의 업무에는 외부에서 단기 노동력을 대량 구매했던 것으로 보인다. 물론 농사철, 특히 모내기에 동원되는 인부들은 마을공동체의 두레패일 수 있다. 그러나 그 외 양잠이나 땔감 준비 등에 동원되는 노동력은 필요에 따라 구매하고 있다.

일기에는 많은 일꾼日雇이 등장한다. 이들에 대한 임금은 그때그때 지불되며, 점심이 함께 제공된다. 하나의 사례로 면화밭의 김을 매기 위해 남편이 일꾼 12명을 점심 한 끼와 1냥에 구매했다는 내용이 있다. 이때 일꾼의 하루 임금은 7.7푼 정도로 동일한 시기(1853년) 경상도 예천 대저리 머슴年雇의 일 년 품삯으로 8냥(호미씻이로 5전)[18]을 지불했다는 기사와 비교할 때 약간 높은 편이다.

일꾼의 임금 구성에는 화폐 이외에도 식사비와 술값이 포함된다. 일기에서는 1식食, 2식, 3식, 그리고 1인당 식사량이 모두 정확히 기재했는데, 바로 식사의 제공 횟수와 양에 따라 임금액이 변동하기 때문이다.[19] 하나의 사례로 성인 남성 일꾼의 경우 1인당 큰 되로 1승(1되)의 밥에 청어 2마리나 관목 1마리, 새우젓이 반찬으로 나갔다. 그 외에도 밭 갈기에 동원되는 인부에게 임금 외에 술값 1전과 안주값 1전이 제공되었다(『경술일기』, 1850년 3월 29일).

이와 같이 이 집안의 가작지 농사는 소규모였음에도 불구하고 외부 노동력에의 의존도가 높았다. 아마도 그것은, 단기고용이 신분적·경제적 예속 관계에서 자유로웠기 때문에 노비 노동력보다 노동생산성이 높았을 것이며, 무엇보다도 노비 소유 및 경영에 따른 노비 복지 및 생활에 대한 부담을 덜 수 있다는 장점이 있었을 것이다. 이에 김호근가도 계절적으로 노동력이 많이 투하되는 시기에 단기고용 노동을 선호했던 것으로 보인다. 이는 기존 연구에서 지적하는 19세기 중반 노비제의 쇠퇴와 맥을 같이 하며 부역체제의 변화와 함께 급가고용給價雇傭(임금 고용)에 의한 노동력 동원 방식이 확대되는 시대적 현상을 반영한다고 하겠다.

그림 7 김홍도, 《단원풍속도첩》 중 〈논갈이〉, 국립중앙박물관

안방마님과 노비의 긴장 관계

노비와 노비주의 관계는 일방적인 착취와 억압의 성격으로만 규정할 수 없다. 기근과 재난이 수시로 도래했던 전근대 사회에서 이들의 관계는 일면 후원자-의존자의 성격이 내재해 있다. 인신적인 예속에 따른 노동력 제공 대신에 노비가 살면서 부딪히게 되는 다양한 사회·경제적 문제와 신체적 위험은 일차적으로 노비주가 해결·보장해 주어야 하는 부분이었다. 그것은 장기간 안정적인 노동력을 공급받기 위해서 불가피하게 지불해야 할 대가이자, 유교적 도덕 윤리를 근간으로 하는 신분사회에서 지역 유지로 인정받기 위해 강요된 측면이기도 했다. 양자간의 정교한 보호-예속의 장치는 생존 위협에 대처하는 일종의 사회적 보장이었다. 부인의 일기에도 이러한 메커니즘이 곳곳에 포착된다. 물론 노비주의 입장에서 기술된 것이므로 일정한 한계가 있다는 것을 감안해야 할 것이다.

일기에는 많은 여성 노비의 병과 출산 이야기가 나타난다. 일기가 기록된 약 2년여 동안 5명의 비婢들이 아들과 딸을 낳았다. 그중 4명이 여자아이고, 1명이 남자아이다. 비들은 출산 당일까지 뽕잎을 따는 등 노동에 시달리다가 저녁에 출산하였다(『경술일기』, 1850년 3월 4일, 1850년 4월 22일). 이들에게 대체로 보름

동안의 출산휴가가 주어졌다. 많은 비는 고된 노동과 출산, 열악한 식생활과 위생 문제 등으로 인해 수시로 병에 시달렸다. 부인은 이들에게 주로 2일에서 5일 사이의 병가를 주었는데, 병과 관련된 기록의 빈도수는 매우 높게 나타난다. 열악한 의료시설과 노동으로 인해 사망하는 노비도 등장한다. 그중 하나가 금섬이다.

금섬이는 출산 후 사망하였는데, 그녀 집에서 갓난아이를 보살필 상황이 아니었는지 유씨 부인은 아이의 젖값을 금섬이의 동료인 판절에게 지불하고 자신의 집에서 키울 것을 명하였다. 그녀는 아기를 약 40여일 간 데리고 있다가 아기가 백일을 맞이하자 돌려보냈다. 이후에도 갓난아이를 위해 젖값으로 벼 한말과 돈 6푼을 추가로 지불하였다. 부인의 이러한 행위는 온정주의 혹은 측은지심이라는 개인적인 측면으로 볼 수 있지만 사회적 측면, 즉 노비주로서 노비에 대한 책임과 생존에 대한 의무가 복합적으로 작동한 것으로 해석할 수 있다. 해당 노비가 위기를 극복하고 생존해야 노동력을 제공하고 노비들을 지속적으로 재생산할 수 있기 때문이다. 아울러 그것은 유교적 인본주의와 도덕을 근본으로 삼았던 당대 가치관을 반영한 것이기도 하다.

이에 대해 노비 측에서는 어떻게 반응하고 있을까? 금섬이의 아들 웅술이는 어린 동생에 대한 부인의 시혜에 대해 고마움을 표하고, 고을 관아에 상직하러 들어가기 전 인사차 오기도 하였다(『경술일기』, 1850년 2월 21일). 후원자-의존자 관계는 노奴인 웅술이가 후원자인 유씨 부인에게 자신의 상황을 고하고 감사를 표했던 것과 같이 상호 간의 일정한 사회적 협의에 따라 지속되었다.[20]

한편 많은 노비와 예속민은 도미 두 마리나 갈치 한 마리, 밤, 감, 떡 꾸러미 등을 들고 유씨 부인을 방문하였다. 표면적인 목적은 상전에 대한 안부 인사였겠지만, 급전 대출이라는 목전의 이유가 더 컸던 것으로 보인다.[21] 아울러 상전가와의 관계 지속 내지 친분 유지를 통해 후원자-의존자 관계를 유지하고자 하는 목적도 내재해 있었다. 부인은 이들이 가지고 온 상품의 종류와 양을 꼼꼼하게 기술하고 있는데, 기록한다는 것은 받은 사실을 잊지 않겠다는 것이며, 후일 상품의 제공 내지 보호-의존의 관계망 지속이라는 의지를 보여 주는 것이라 하겠다.

노비와 노비주와의 관계가 우호적으로만 지속되는 것은 아니었다. 양자 간에는 갈등과 불만도 나타났다. 특히 노동 상황이 열악하거나 노동 강도가 강할 경우 발생하였다. 1850년 10월 9일부터 김장이 시작되면서 많은 준비와 일손이 필요하였다. 각종 김장에 들어가는 갖가지 양념 준비와 배추와 무를 뽑아 절이기, 김칫독과 저장 장소 준비 등 많은 품이 들어갔기 때문이다. 김장 채비는 약 5일 이상 계속된 것으로 보이는데, "안에서 하루 종일 일하는 것들…"이라는 표현에서 노비들의 노동의 양과 강도를 감지할 수 있다. 김장을 시작한 지 4일째 되는 날 노비들의 불만이 드디어 폭발하였다. "소한 추위가 대한같이 추워, 물속에서 배추를 씻는 종들이 몹시 투덜거려 저녁을 먹여 보냈다"("경술일기』 1850년 4월 3일, 1850년 3월 20일)라는 사료에서 볼 수 있듯이 노비들은 처한 노동 상황에 대해 불만을 토로했고, 노비주는 이들을 달래기 위해 식사를 제공했다.

또한 일기에는 "낭하에 콩 닷 말(5두)씩을 맡겨 … 전례대로 받았는데, 춘강이가 3덩어리, 탱운이가 1덩어리를 축내어 양이 적어졌다"("경술일기』, 1850년 3월 30일)라고 노비들의 착복을 기록하고 있다. 그 외에 다른 착복기사도 간혹 보이며, 유씨 부인이 은가락지를 분실하여 노비들을 의심하는 내용도 찾아볼 수 있다. 이처럼 노비와 주인이라는 양자 간의 긴장과 갈등의 기류를 감지할 수 있다.

3

CEO 마님의
다양한
수익성 사업

강요된 여공과 양잠

조선시대 내내 사족 여성의 묘지명이나 행장에는 그들의 직조와 의복 생산이 여공女工과 치산治産으로 강조되었다. '여공'이란 여성이 행하는 노동활동, 치산이란 전반적인 경제활동을 뜻하는데, 구체적으로 가계경영과 재산관리 및 이식 활동을 의미한다. 조정과 사대부들은 성리학적 윤리 질서를 확립·전파하기 위해 여성들을 위한 교훈서를 집필하고, '남경여직男耕女織'이라는 논리를 만들어 내어 여성들에게 양잠·면포·삼베 생산을 독려하였다. 당시 사회는 위로는 왕비부터 아래로는 비婢에 이르기까지 여성들의 직포 생산을 요구하였다. 여성과 관련한 회고

담들은 '부지런함', '길쌈', '바느질', '봉제사', '접빈객', '공경', '화목' 등의 키워드와 함께 하나의 서사시로 만들어져 유통되고 있었다.

여성들에게 강조하고 요구했던 수많은 업무 중에서 '길쌈', 즉 방직과 방적은 특별한 의미가 있다. 그것은 길쌈이 가족의 의복 공급, 조세의 납부, 나아가 장시에서 화폐로서 유통되기 때문이었다. 그리고 길쌈은 평균 3년에 한 번 정도 자연재해를 입는 농사에 비해 안정적이었고, 수익을 보장하는 동시에 환금성이 높은 산업이었다. 이에 대부분의 여성처럼 유씨 부인도 길쌈과 바느질에 몰두하였다. 흥미롭게도 일부 사족 여성의 방적 활동은 자가自家 수요에 국한된 것이 아니라 판매를 위한 생산이었다는 점이다.

유씨 부인이 관장한 여공 중에서 첫 번째로 양잠을 들 수 있다. 삼베나 모시는 제작 과정에서 무릎 등 신체가 노출되므로 사족 여성들에게는 적합하지 않았다. 한편, 양잠은 잠농 기간도 40여 일밖에 소요되지 않으며, 생산 과정이나 방적 과정이 비교적 수월하다는 점에서 권장되었다. 아울러 양반가 의복으로 각광을 받던 직물이었으므로, 사족 여성에게 장려된 품목이었다.[22]

유씨 부인도 3월 말(음력)부터 누에를 치기 시작하였다. 그 후

일기에는 9차례 걸쳐 누에들을 위한 뽕잎을 따는 작업이 기술되는데, 5-9명의 노비들에 의해 4월 16일부터 26일까지 계속 진행되었다(『경술일기』, 1850년 4월 16일-26일). 이후 본격적인 명주 직조를 하였는지 더 이상의 기록을 일기에서 확인할 수 없으나, 아마도 유휴 노동력의 부족으로 생산한 고치를 시장에 판매하지 않았을까[23] 추정된다. 이 집의 노동력은 주로 여종과 유씨 부인인데, 여종들은 가사노동과 농사, 부인은 바느질에 집중했던 터라 명주 생산에 종사하기 어려웠을 것으로 여겨진다. 특히 명주는 직조 기술이 필요한 것이므로, 쉽지 않았을 것으로 판단된다.

목화 재배와 면포 제작

유씨 부인의 생산 활동 중 가작지 농업과 양잠 외에 우리의 눈길을 끄는 것은 면포 생산이다. 부인은 1850년 4월 7일 남자 노를 시켜 목화밭을 처음 갈기 시작하여 씨를 파종한 후 6월 30일에는 일시 고용한 일꾼 12명과 시월이를 잡초 제거에 투입하였다. 목화송이가 피면 8월 하순부터 노비 노동력을 활용하여 목화를 추수하여 볕에 말린다. 이후 방적을 위해 솜을 타는 과정이 시작된다. 이는 목화송이에서 씨를 제거한 후 활을 이용하여 솜에 붙어 있는 씨앗과 껍질 등을 제거한 후 솜이 부드럽게 피어오르게 하는 것이다. 처음에는 금열이와 영점이가 솜을 탔는데, 이후 금열이가 또 타기에 부인은 노비에게 추가 품삯을 지급하였다(『경술일기』, 1849년 11월 19일). 탄 솜은 이후 비벼 말아 실로 잣은 후 무명을 짜기 위해 바디에 꿰어 도투마리에 고정시킨 다음 좁쌀 풀칠을 하여 말리는 무명매기 과정이 이어진다. 일기에는 8월 21일에 무명을 매고 있다는 기록이 나온다. 첫 번째 수확한 목화솜의 품질이 최상급이라 하니 아마도 이를 이용한 실 제작에 들어간 것으로 보인다. 풀칠한 실을 말리기 위해 왕겨 불을 이용하는데, 무명매기용 왕겨가 없으므로 부인이 인쇄에게 벼 13말을 주어 정미를 명하고 있다(『경술일기』, 1850년 8월 21일). 무명매기 과정이 끝나면 무명 올이 감긴 도투마리를 베틀로 옮겨 직포 과정이 시작된다.[24] 그러나 유씨 부인은 면포를 직접 생산하지 않은 듯싶다. 무명실 생산까지의 공정만 끝내고, 마지막 면포 제작은 인근 지역의 방직인에게 맡기고 있다.

부인은 왜 집에서 활용할 수 있는 노비 노동력을 마다하고 외주를 주었을까? 집에서 일반적으로 제작하는 거친 5승포는 당대 가격이 1필(35척)에 1냥 75분이다. 반면 고운 12승포는 제작 기간도 길고 기술이 있는 방직인이 제작하는 것이어서 1필(35척)에 14냥에 거래된다. 물론 방직업자에게 제공하는 제작비는 5승포보다 훨씬 높았지만 전체적인 수익률을 높일 수 있다. 이에 부인은 가장 효율적으로 할 수 있는 과정에 집중하고 생산된 면포 제작을 전문 방직인에게 맡겨 수익을 극대화시키는 전략을 사용한 것으로 보인다.

유씨 부인과 같은 물주가 재료(실)와 임금을 제공하고 전문 직조인이 직조 과정을 전담했다는 기사는 공정별 작업의 분화를 뜻하며, 면제품 생산이 점점 고급화되었다는 것을 의미한다. 그동안 학계에서 심증은 있었지만, 사료로써 확인할 수 없었던 부분이 아닐 수 없다. 이는 조선 후기에 들어서면서 12승포 이상의 고급 면제품을 짜는 기술력이 발달했다는 기존의 연구와 맥을 같이 한다. 실제로 방직 분야에서 면화 재배지를 소유한 자와 그렇지 못한 자, 그리고 직조 기술이 있는 자와 그렇지 못한 자 간의 직무 분리는 자연스러운 현상이다. 아래 사료를 보기로 하자.

"집안은 마치 사람이 없는 듯 조용하고 아무 일이 없는 듯 고요하여 마치 탁탁하는 칼질 소리, 찰찰하는 베틀 소리만 들릴 뿐이었다. 친척들 가운데 부러워하던 사람들이 다투어 찾아와서 그 법을 배우려 했는데 이를 배운 사람들은 능히 자기 집안 살림을 일으켰다."[25]

이 사료의 주인공 광주 안씨는 집에서 방직에 종사하는데 방직 기술이 뛰어나서 주변 친족들에게 그 기술을 전수하였고, 이를 배운 사람들과 안씨 부인은 방직을 통해 재산을 모았다는 것이다. 물론 이 이야기는 약간 과장된 듯하나, 기술이 좋은 부인네들이 전문 방직자로 인정받았던 것은 사실인 듯하다. 이 사례처럼 기술을 가진 방직인이 한 마을에 여러 명이 존재했을 것이고, 유씨 부인처럼 마을 주민들은 자가 생산한 무명실을 가지고 이들에게 방직을 맡겼을 가능성이 높다. 이러한 현상이 얼마나 일반적인지는 의문이지만, 『경술일기』에서 볼 수 있듯이 일부 직조인들은 고급 직물을 짰던 것으로 보인다. 이 같은 현상은 면화의 주산지로서 옥천·영주·공주·횡간을 위시하여 경상도·전라도 지역이 대두되는 것과 맥을 같이 하며, 진목晋木·송도목·순천목처럼[26] 명성이 높은 무명제품이 있었다는 사실도 이를 뒷받침한다.

그 외에도 품삯을 받고 방직업에 종사하는 수많은 여성 노동자의 존재를 보여 주는 자료가 있다. "부인들이 바느질품을 팔고 베 짠 삯을 받아서 식량을 샀다"[27]는 이야기나 "이웃집 여인의 품을 사서 실을 뽑아 베틀에 올려 명주필을 같이 더했다"[28] 등이 서사가 전해 온다. 아울러 "베 짜는 품을 팔아 재물을 마련하여 날마다 밥을 지어 매일 밤 오경에 뜰에서 이슬을 받고 서서 깨끗한 물을 떠놓고 사방의 하늘을 향하여 절하여 할아버지께서 귀양에서 풀려나도록 축수하였다"[29] 등 조선 후기 회화나 소설에서는 여성의 품팔이와 품삯 이야기가 종종 등장하고 있다. 기존 연구에서 추정하듯이 18·19세기 여성 고공화 현상이 진행되고 있었음을 알 수 있다.

여성들이 고용되는 분야는 주로 방적·방직업과 의류업, 밭농사, 가사노동 등이었다. 이중 방직 분야는 장기간 경험이 축적되고 기술력이 향상되면서 전문화될 수 있는 영역이었다. 여기서 주목할 점은 과거 집안의 여성이나 비에 의해 수행되었던 직물 생산이 마을에 거주하고 있는 여성 방직인들에게 이행되면서, 이들이 노동의 대가로 품삯을 받았다는 것이다. 특히 토지로부터 유리된 빈민 가정의 여성이나 해방된 비, 혹은 몰락 양반 여성들이 생계를 위해 또는 생계를 벌충하기 위해 적극적으로 그리고 쉽게 방직업에 종사하고 있었던 것으로 보인다.[30]

최근 연구에 의하면 목면 생산과 면포 제작은 인구 압력이 높고 소득 수준이 낮은 빈농들에 의해 주도되었으며, 인근 장시의 활성화는 물론 멀리 서울과 함경도까지 팔려 갔다고 보고 있다.[31] 또 다른 연구에 의하면 양잠업도 한 가정에서 양잠·제사·견직의 3공정을 모두 전담하지 않았다고 한다. 물론 전담하는 집도 일부 있었겠지만, 누에고치로 시장에서 팔거나[32] 견직을

그림 8　유운홍, 《유운홍필풍속도劉運弘筆風俗圖》, 국립중앙박물관

마당의 여성들은 무명실을 제작하기 위해 무명매기 작업을 하고있다. 마루에 앉아 있는 여성들은 면포를 제작하고 있다

하는 집에 판매하고, 양잠 농가가 제사 공정까지 끝낸 후 생사를 장시에서 유통하는 경우도 있었다.[33] 이와 같이 면업에서도 양잠업과 동일한 현상이 진행되고 있었음을 알 수 있다.

이상과 같이 과거 노비와 가내 여성들이 전담했던 직포의 일부분이 임금노동자, 즉 여성 고공에 의해 수행되기 시작했다는 점은 서서히 임금 노동자화되어 가던 이 집안의 노비 노동과 같은 맥락에 있다고 할 수 있다.[34]

"곱고 이쁜 옷이 필요하신가요?"

유씨 부인은 자신이 필요한 면포를 모두 주문 생산하지 않았다. 아마도 대규모로 면화를 재배하고 면사를 생산하지 않았기 때문에 대체로 시장에서 포를 구매한 것으로 보인다. 노비인 어린 개덕이 옷을 만들어 주기 위해 5승 군포 22척을 1냥 6분에 사고, 적삼을 만들기 위해 무명 14척을 5냥 6전에 사고, 남색으로 5척을 구입했다는 것이다. 여기서 눈길을 끄는 것은 무늬가 있는 서양목 10척을 무려 5냥이라는 거금을 주고 샀다는 것이다. 1척에 5전 꼴로 앞서 본 조선산 5승 정포의 10배 가격에 해당한다. 또한 중국산 면제품인 당목도 거래하고 있어 지방에서도 외국산 제품을 쉽게 구매할 수 있었으며, 그만큼 호서 지역 장시나 유통망이 상당히 발달했다는 증거로 이해할 수 있다. 19세기 중반 행세하는 양반 여성들 사이에 서양목이 화려하고 톡톡해서 호평을 받았던 것으로 보인다.[35] 부인은 여기서 그치지 않고, 시장에서 구입한 다양한 면포를 활용하여 판매를 위한 의복 생산으로 선회하였다. 주목적은 물론 수익 증대이다.

의복 생산은 조선시대 양반 여성들이 광범하게 종사했던 분야이다. 19세기 행장과 비문에는 이러한 사례가 종종 등장한다. "바느질에 힘써서 살림에 보탬이 되었다. 10년이 되지 않아 저택은 높고 크며, 토지田는 풍족하고 살림살이는 화려하고 아름다워졌다"[36]라는 사료에서 보듯 바느질, 즉 의복 생산을 통해 살림을 일구었다. 또한 "바느질과 길쌈을 하여 다른 물건으로 바꾸어다가 시어머님께서 하고자 하시는 것과 편안히 여기시는 것을 장만하셨다"[37]라는 글을 통해 생산한 의복은 다른 상품과의 교환, 즉 판매를 했다는 것도 알 수 있다.

부인의 일기에는 의복 생산의 구체적인 규모와 수익률을 확인해 볼 수 있는 단서가 있다. 먼저 지적할 점은 그녀의 의복 생산과 판매는 소규모이고 간헐적이다. 아마도 이 일기가 작성된 시기에 그녀가 수시로, 그리고 상당 기간 병마에 시달렸다는 점과 더불어 '봉제사 접빈객'의 과중한 업무도 함께 수행했기 때문일 것이다. 그럼에도 불구하고 그 빈도수와 내용을 분석해 보면 유의미한 점들이 눈에 띈다. 먼저 부인은 의복 제작을 위해 색실·바늘·초록실·물감 등을 자주 구입하고 있으며(『경술일기』 1849년 10월 4일, 1849년 10월 17일, 1849년 11월 28일, 1850년 2월 6일, 1850년 4월 7일, 1851년 7월 30일), 여성을 주 고객으로 하는 저고리·치마·속치마 등을 전문적으로 생산하고 있다. 물론 자가 소비와 선물로 송출하기 위해 남성 의복을 제작하기도 한다. 저고리·누비 속곳·당목 겹바지·토시·배자(소매없는 덧저고리)·솜옷·잔누비저고리(좁게 누빈 옷)·주누비저고리(중간 정도로 누빈 옷)·당목 소창옷·누비바지·버선 등이 일기에서 언급되고 있다. 유씨 부인이 바느질, 즉 의복 생산에 상당한 전문 기술을 갖고 있다는 것을 알 수 있다(『경술일기』 1849년 10월 14일, 1851년 8월 3일, 1850년 2월 8일, 1851년 9월 2일, 1851년 9월 15일, 1851년 8월 24일).[38] 따라서 부인의 관장하에 제작된 의복들이 고객들에게 호평을 받은 듯하며 순조롭게 판매되었다.

【표 1】에 부인이 판매한 의복의 가격을 기입해 보았다. 1849년 11월 29일 남치마를 14냥에 팔았으며 12월 3일에 판매한 반주斑紬 치마는 개천이가 대행했는데 7냥 4전에 팔았다는 것이다. 12월 5일에는 당목 치마 판돈을 윤집이 4냥 5전에 가져갔다는 것이다. 또한 1850년 4월 29일에 자주 저고리를 판매하여 그중

연월일	상품	상품주	판매금액	비고
1849.11.29.	남치마	유씨 부인	14냥	수만이로부터 받음
1849.12.3.	반주 치마	유씨 부인	7냥 4전	개천 대행
1849.12.9.	반주 치마	유씨 부인	7냥 5전	춘옥과 탱운에게 즉시 대출
1850.2.29.	당목 치마	유씨 부인	13냥	당목은 시장 구매
1850.3.3.	자주 저고리	유씨 부인	10냥	무늬, 자주색 저고리
1850.4.3.	자주 저고리	유씨 부인	10냥	자주 저고리
1850.4.29.	자주 저고리	유씨 부인	6냥	광점에게 준 빚
1849.10.24.	저고리	유씨 부인	6냥 2전 5분	왕동댁에서 저고리 구매
1849.10.29.	저고리	유씨 부인	5냥 3전	춘옥이가 중간 상인 노릇
1850.6.17.	저고리	유씨 부인	5냥	2년 전 것. 고리대 회수
1851.8.26.	저고리	유씨 부인	7냥	판매 대금. 최만일이 구입

표1 의복 판매 가격 샘플

6냥을 광점에게 빚을 주었다는 것도 있다. 일기를 보면 부인은 총 14회의 여성용 저고리와 치마를 판매하고 있으며, 판매 시기는 한 해 농사가 끝난 늦가을과 겨울철이다. 즉, 상대적으로 농가에 현금이 회전되고 있을 시기이다.

그럼 저고리와 치마를 판매한 수익률은 어느 정도일까? 필자가 계산을 해 보았다. 일반적으로 조선시대에는 면포 1필(35척)로 한복 1벌을 제작하였다고 한다. 이 중 치마는 26척 가량의 옷감이 필요하고, 저고리는 9척 가량이 필요하다고 한다.

판매 가격을 보면, 옷감이 많이 사용되는 치마는 13-14냥 정도로 판매되며, 반주치마는 속치마로 치마의 절반 가격인 7냥 5전 정도에 팔렸다. 저고리는 하나당 약 7냥 정도를 받았던 것으로 보인다. 옷감은 치마가 훨씬 많이 들어가지만, 1척당 판매가를 비교해 볼 때 저고리의 수익이 훨씬 높다. 저고리의 판매 수익이 높은 것은 인건비가 많이 들어가기 때문이며, 부인은 치마보다는 수익률이 높은 저고리를 더 많이 제작하고 있었다.

　　앞서 부인이 인근 방직업자에게 1냥 2돈을 지불하고 주문 제작한 12승짜리 53척 면포의 최종 수익률을 계산해 보자. 부인이 면포만 주문했을 경우 판매 대금으로 약 20냥(생산가 제외)을 받을 수 있다. 이는 면화 생산에서 방적 과정까지의 제작 비용이 포함된 금액이다. 그러나 이것을 의복으로 제작할 경우, 수익률은 급증한다. 12승 면포 53척[39]으로 치마 2개를 만들 경우 예상되는 판매 총액은 28냥이고, 치마 1개와 저고리 3개를 제작하면 총 35냥[40] 정도이다. 즉, 방직 수공업자가 받는 총 1냥 2전이라는 수익 금액과는 비교도 안되는 8-15냥 정도를 추가로 확보할 수 있다. 이 때문에 바느질 솜씨 좋은 많은 여성이 의복 제작에 몰두한 것으로 보인다.

솜씨 좋은 침모들

의복 제작은 누가 담당했을까? 유씨 부인은 가족을 위한 의복도 생산하고 '봉제사 접빈객'에 분주했으므로, 판매를 위한 생산에 매달릴 수 없다는 뜻이다. 결국 부인의 의복 생산은 전업이 아니라 남는 시간과 주변 노동력을 활용한 부업으로 보아야 할 것이다. 유씨 부인이 직접 의복 제작에 참여한 것은 사실이다. 그녀는 장기간의 병환에서 일어나 당목 천을 만지면서, 이제는 다시 못 맡을 것 같다는 글을 남기고 있다. 그러나 이 집에서 생산되는 의복을 오로지 부인 혼자서 감당할 수 없었다. 주변에서 일손을 동원하는데, 그 인물로 먼저 정주댁을 꼽을 수있다.

정주댁은 친족 양반 여성인데 미망인으로 추정되며, 유씨 부인댁에 총 6번 방문하여 길게는 15일, 짧게는 4-5일 정도씩 장기 유숙하면서 저고리 등을 만들거나 중요한 손님이 올 때 거들러 왔던 여인이다. 또한 경화라는 이름으로 기술된 하민下民 여성이 부인을 돕지 않았을까 추정된다. 그녀는 총 8번 방문하는데 길게는 16박, 짧게는 3박씩, 대체로 일주일간 장기 유숙하는 노인이다. 물화 모로 기술된 여성 또한 딸과 함께 혹은 혼자서 총 7번 방문하여 길게는 1주일, 짧게는 1박씩 유숙한다. 경화와 물화 모, 그리고 부인의 여종들이 유씨 부인의 부족한 일손을 도와 의복 생산에 투입되었을 것으로 추정된다. 이들은 부인으로부터 모두 품삯 혹은 대가를 받았을 것이다.

바느질 품삯은 동시대 여러 사료에서도 확인된다. "부인은 방법을 마련하여 바느질 품을 팔고 베 짠 삯을 받아서는 식량을 살 비용을 충당하였다"[41] 혹은 "할머니는 바느질하는 품을 팔아 제사를 받들고 위아래 사람들을 먹였다."[42] "안 일을 처리하면서도 재물을 절약하여 썼으며, 있든 없든 간에 부지런하여 일찍이 바느질로 삯을 받아 밭 세 이랑을 마련하였는데, 내가 팔아서 썼는데도 난색을 띠지 않았다."[43] 이같이 가난한 사족 여성이나 빈민 여성들은 생계를 벌충하기 위해 품삯을 받고 바느질을 하였다. 특히 바느질은 남성들이 〈여공〉으로 장려하는 일로 솜씨만 좋다면 사족 여성들도 종사할 수 있는 분야이다. 앞에서 언급한 정주댁이 그런 사례에 해당된다고 하겠다.

비록 전업적인 의복 생산은 아니었지만, 사족 여성이 판매를 위한 의복을 생산했다는 점은 많은 시사점을 제공한다. 지금까지의 연구에 따르면 의복 생산은 자가 소비를 목적으로 하고 농가로부터 분리되지 않았다고 알려져 있다. 물론 일정 부분 자가 소비를 했지만, 여성 노동, 심지어 유씨 부인의 경우처럼 주변 노동력을 고용하여 의복을 생산한다는 것, 그 수익률은 면화

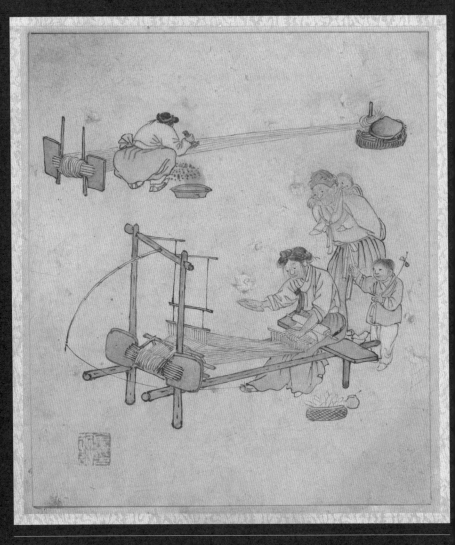

그림 9 김홍도, 《단원풍속도첩》 중 〈직조〉, 국립중앙박물관

재배나 면포 제작보다 높았다는 것, 그리고 앞서 언급했듯이 많은 여성이 바느질(의복 생산)을 통해 살림을 꾸려 나가고 재산을 일구었다는 남성들의 회고담은 농가로부터 의복 생산이 분리되는 초기의 모습을 반영한 것으로 추정된다.

경영의 다각화, 상품 판매

유씨 부인은 방적이나 의복 생산 외에도 판매업까지 진출하여 경영의 다각화를 꾀했다. 판매 내역을 보면 물품 종류, 빈도 수, 총 판매량은 전문 유통 상인들의 것과 비교할 때 다소 미미한 편이지만, 일반 사족 여성들의 상업 활동과 재산 축적 과정을 엿볼 수 있는 수치이다. 또한 이것이 1년 반 가량의 일기에 해당된다는 점이라는 것을 염두에 둔다면, 유의미한 수치라 하겠다.

물품명	구매	판매
치마, 저고리	1	14
귀금속(비녀, 반지, 노리개)	2	18
안경	1	3

표 2 | 의복 판매 가격 샘플

위의 【표 2】를 보면 부인의 판매 상품이 여성 의복과 일부 귀금속 및 안경에 국한되었음을 확인할 수 있다. 이 중 여성 의복들은 부인이 생산한 것으로 인근 지역에 소매로 판매되고 있다. 저고리와 치마 판매 빈도수는 총 14회로 집계된다. 여성용 비녀와 반지 등 귀금속이 18회, 안경이 3회 판매되었다. 이 중 흥미로운 상품이 눈에 띈다. 수입품으로 추정되는 안경이 판매되었다는 것은 구매층이 주로 식자층인 양반들이었으며, 기타 귀금속의 판매 대상도 동일 사족 여성층이었을 가능성이 크다.

위의 표에서 보이는 부인의 구매 물품은 후일 재판매를 위해 사들인 것으로 보인다. 중간상인이나 서울 가는 인편을 통해 물건을 구입하기도 했다. 예를 들면 "가락지 두 개를 5돈씩 주고 사서 판금 형제에게 맡겼다"(『경술일기』, 1850년 12월 10일)라는 서술이나 "서울 장동에 가는 인편에 ○○치마 구매를 위해 10냥을 보냈다"라는 내용, 아울러 광점에게 안경을 사라고 7냥을 주었다는 것이 그것이다.

사족 여성들의 귀금속 판매는 꽤 일반적인 현상이었던 듯싶다. 일시적인 생활 궁핍을 타개하기 위한 여성들의 패물 매각은 예나 지금이나 흔히 있는 일이다. "돌아와 서호에 거하게 되자 부인은 비녀와 귀걸이를 팔아 밭을 일구고 농사일을 하며 종신토록 살려고 하였다"라는 숙모정부인 행장에서 볼 수 있듯이 남성들은 여성을 추모하는 글에서 패물 판매를 종종 언급하고 있다.[44] 김창흡은 그의 아내 이씨에게 올리는 제문에서 "거친 땅에서 소를 빌리면서도 당신은 스스로 부지런히 애쓰며 보석을 팔며 무를 캐며 종처럼 힘을 다해 일을 했소"라고 기술하고 있다.[45] 그밖에도 "갓 시집왔을 때 약간의 쓰개와 치마, 비녀, 귀고리 등이 있었는데 아끼지 않고 팔아서 어머니의 아침저녁 거리와 땔감 밑천으로 삼았다"[46]라거나 "친정집이 굶주리고 쇠락하자 몸에 차는 장신구를 풀어 경영하여 점차 재산을 불려 장차 제전으로 준비하려고 하였다"[47]라는 사료도 들 수 있다.

이 같은 사례는 모두 여성이 소지한 패물을 팔아 생계를 이어 나갔다는 것인데, 유씨 부인은 궁핍한 생활을 타개하기 위한 것이 아니라 수익 창출을 위해 귀금속을 판매했다는 점에서 차이가 있다. 특히 귀금속은 부피가 작고 가볍기 때문에 서울에서 물건을 해 오기가 용이하다. 수익률 또한 높기 때문에 자본만 있으면 용이한 사업이다. 바로 마지막 사례인 장신구 판매로 밑천을 마련하여 재산을 늘렸다는 곽종석의 언급과 동일 선상에 있다.

상품 판매의 수익율은?

유씨 부인은 사족 신분이므로 자신의 노비들을 판매책으로 활용하고 있다. 일기에는 광점, 춘옥, 개천, 업손 등에게 물건 판매값을 받은 내역이 적혀 있다. 그 외에도 막돌과 판금을 통해 물건을 거래하고 있다. 그중 "광점에게 받은 23냥은 오더팔에게 받은 것이오, 6냥 2전은 안경 판 것, 5냥 3전은 내 저고리 판 것이니라"(『경술일기』, 1849년 10월 29일)라는 내용이 주목할 만하다. 오더팔은 상인 이름으로 보이며, 아마도 이 지역의 유통을 담당하는 '육군상무사' 중 하나였을 것으로 추정된다. 광점은 막돌, 판금과 함께 부인의 노비로 보이는데, 그가 부인을 대행하여 오더팔이라는 상인과 접촉하고 있는 것으로 보인다. 또한 춘옥, 개천, 업손도 부인의 가사 일에 종사하지 않으므로 노비가 아닌 상인으로 보인다.

여기서 주목을 끄는 인물은 여성인 춘옥과 판금이다. 판금은 부인의 비로 추정되며, 춘옥이는 인근에 거주하고 있는 여성으로 보인다. 남녀가 유별한 조선 사회에서 남성은 아무리 상인이라도 양반가의 안채에 들어가기가 쉽지 않았다. 실제 소비생활에서 여성이 차지하는 비중은 상대적으로 높기 마련이며, 고가의 옷이나 직물, 종이, 장신구류 등이 상당량 유통되었던 역

그림10 신윤복, 《신윤복필 여속도첩》 중 〈저잣길〉, 국립중앙박물관

양반가 안채를 드나들었던 여성 보부상

사적 사실을 감안해 볼 때, 안채와 외부 세상을 연결시켜 주던 여성 보상褓商(보따리 장사)들의 활동을 눈여겨봐야 할 것이다.[48] 바로 판금이와 춘옥이가 인근 사족 여성들의 안채에 드나들면서 유씨 부인을 대신하여 판매 행위를 담당했던 것이다. 이상으로 총 6명의 중개인들이 부인을 대신하여 거래했던 듯하며, 이들에게는 일정의 구전이 주어지고 있다. 당대 상인들의 구전료도 물건 판매값의 1/5-1/10 정도라 하는데, 춘옥이에게 준 구전료를 계산해 보면 약 1/20 정도이다.

그러면 부인이 확보한 판매 수익금은 얼마 정도일까? 일기에는 부인이 자신의 가락지 값으로 판금에게서 본전으로 2냥 4전과 이익금 2냥 4전 4푼을 받았다는 내용이 있다. 즉, 여기서의 판매 수익금은 100%가 넘는다. 그다음으로 판금에게 준 6냥은 윤댁의 가락지 본전이고, 그 이익금은 5냥 7전이라는 것이다. 이 또한 수익률이 거의 100%에 육박함으로써 귀금속 소매가 상당한 수익성 사업임을 짐작할 수 있다.

사족 여성들의 상업 활동은 『병자일기』의 남평 조씨의 사례에서 보이고, 사족 남성들의 상업 활동도 오희문가의 『쇄미록』에서 엿볼 수 있다. 남평 조씨는 노비를 활용하여 소금, 미역, 조기 등을 구입하였다가 판매하는 영리 활동을 하였다고 하며, 관공서의 물품 공급을 독점하는 공인권 매매 기록 중 여성인 강씨 부인이 공인권을 파는 이야기도 발굴되고 있다.[49] 그 외에도 19세기 중반 조선의 대표적인 위정척사론자였던 이항로의 둘째 딸의 경우에도 술을 빚어 생계를 삼고자 하였는데, 부친의 반대로 그만둔 사례가 있다.[50]

그러나 성리학적 규제에서 벗어난 평민 여성들의 경우, 본 일기에서 간혹 등장하는 것처럼 떡이나 가래떡·술·국수·두부·장·기름·초 등을 자유롭게 판매하거나 삯을 받고 주문 생산하였다. 이 같은 현상은 조선 후기 일상생활을 그린 민화나 소설에서 목격할 수 있지만, 그동안 사족 여성들의 상업 행위는 잘 드러나지 않았다.

이렇듯 성리학적 가부장 사회에서 사족 여성의 영리 활동은 표면상 금기시되었기 때문에, 그들의 판매 행위는 대체로 자신이 소유한 귀금속이나 의복 등을 필요 시 처분하는 정도였다. 그러나 17세기 중반 『병자일기』의 남평 조씨처럼 유씨 부인도 비록 소규모이고 간헐적이지만, 서울 등지에서 상품을 구매해 와서 노비나 중간책을 대행시켜 소매하는 등 적극적인 경제 행위를 하고 있다. 그동안 심증은 가지만 자료로 확인할 수 없었던 양반가 여성들의 상행위가 그 실체를 드러냈다고 할 수 있다. 물론 부인의 치산 활동을 과대평가할 수는 없다. 어디까지나 가계를 넉넉하게 운영하기 위한 부수입 정도였을 확률이 높다.

이렇게 애써 번 돈은 누구의 것일까? 흥미롭게도 부인은 자신의 수익을 남편의 것과는 별개로 인식했다. 즉, 집안의 수입과 지출은 가장과 부인의 것이 각각 따로 계산되고 있었다. 남편의 돈과 지출 등을 정확하게 기록했으며, 심지어는 자신의 돈으로 산 논에 대해서는 '내 논', 자신의 돈도 '내 돈'이라고 기입하였다. 또한, 남편이 고리대로 놓아 달라고 준 돈은 '임자 돈 30냥'이라는 등, 소유권을 확실히 구분하였다(『경술일기』 1851년 7월 29일). 이 같은 현상을 해석해 본다면 조선 후기에도 '일부' 여성들은 여전히 자신의 재산을 소유·처분하고 상속시켰다는 의미이며, 실제로 영조대에 편찬된 『속대전』에서도 남녀균분상속제가 확인되고 있다.[51]

"돈 빌려줍니다!"

의복 생산과 귀금속 판매를 통해 확보된 자금은 어디에 사용되었을까? 먼저 일기에는 다양한 사용처가 나온다. 우선 생활비, 부의금, 외부로 반출되는 선물 및 물건 구매를 위해 지출했다. 다음으로는 자신의 명의로 된 논 5두락을 사는 데 사용했으며(『경술일기』, 1850년 1월 12일), 40냥짜리 고가의 나귀를 구입했다(경술일기』, 1850년 6월 21일). 그러나 부인의 돈은 대부를 위한 종잣돈으로 제일 많이 투자된 것으로 추정된다. 물건의 수익금이 들어오면 즉시 주변 인물들에게 빌려주었다.

유교 사회인 조선에서 관료의 사익 추구나 고리대 활동은 경계하는 사안이지만, 중앙 정부나 관청, 그리고 사족 남성들과 그의 부인들은 공식·비공식적으로 대부업에 열중하고 있었다.[52] 돈을 떼일 위험은 있었지만, 아주 편하고 수익성도 높은 재산증식 방법이었기 때문이다. 은행이 없었던 당시 향촌 사회의 수요 또한 항상적으로 발생했다. 이덕무가 「부녀자가 지켜야 할 행실」에서 "돈놀이하는 것은 더욱이 어진 부인이 할 일이 아니다. 적은 돈을 주고 많은 이자를 취하는 것이 의롭지 않을 뿐만 아니라, 혹여 기일을 어기고 돈을 돌려주지 않으면, 독촉을 가혹하게 하고, 나쁜 말을 하게 된다"[53]라고 굳이 고리대를 지적하면서 반대하는 것은 당대 여성들이 일상적으로 돈놀이를 하고 있다는 것을 방증하는 것이다.

그 밖에도 이이순(1754-1832)의 아내에게 올리는 제문에서 "돈을 빌려줄 때에는 재산의 유무에 따라 이자를 받았고"라며 이식 활동을 했음을 밝히고 있다.[54] 오희상(1763-1833)도 "일찍이 남에게 빌린 것들은 모두 일일이 적어 두었으며, 그중에 아직 돌려주거나 갚지 못한 것이 있으면 이를 써서 벽에다 붙여 두었다. 돌아가시기 며칠 전에도 십 년 전 묵은 빚을 계산하여 갚으셨는데 원금에 대한 일수, 달수의 이자가 터럭만큼도 틀리지 않았다"[55]라고 쓴 글에서 지인들로부터 빚을 얻어 쓰거나 또는 빚을 주는 것이 일상적인 행위였음을 확인할 수 있다.

그러나 앞서 언급했듯이 이 모든 것들은 성리학적인 이념과 어긋났기 때문에 비공식적으로 시행되었다. 그러나 본 『경술일기』는 당대 사족 여성들이 얼마나 일상적으로 대부업에 종사하였는지 알려 주고 있다. 아래 표는 일기에 기재된 대부 기사를 금액과 신분별로 정리한 것이다.

1년 반 동안 총 47회 대출 건수가 기록되는데, 대출의 29회는 10냥 이하의 소액이다. 이 소액은 주로 하민들에게 대출되

금액(냥)	빈도수	양반	하민
?	2		2
0-2	2	1	1
2-5	13	4	9
5-10	12	2	10
10-20	7	2	5
20-50	8	4	4
50-100	3	2	1
합계	47	15	32

표 3 대부 금액 및 신분별 채무자

었다. 반면 양반들은 상대적으로 고액 대출, 즉 20냥 이상을 빌려 가고 있는데, 양반 대출은 하민의 절반인 15회를 차지하고 있다. 유씨 부인의 채무자들은 대부분이 하민들로 총 32회를 차지하고 있지만, 하민에게 대부된 총 금액은 263.86냥이고, 양반 신분층은 244냥이기 때문에, 빈도수와 총 대부액은 반드시 비례하지 않는다. 더구나 부인이 대출했던 총 금액은 병환으로 인해 정확하게 작성되지 않아 확인하기 힘들다. 대략적이나마 규모를 가늠하기 위해 총액을 계산해 보았더니, 대출 총액이 약 500냥 정도로 추산된다.

유씨 부인의 대부업을 통한 재산 증식은 상당히 성공적이었던 듯싶다. 친족 여성들은 자신의 잉여 현금을 대부해 달라는 요청을 하고 있다. 소정댁이 돈 10냥을 길러 달라고 돈을 보냈다는 기사, 서울 가회동의 돈을 쇠돌이에게 빚으로 주었다는 기사, 용암댁의 돈과 공주댁의 돈을 꾸어 갔다는 기사, 심지어, 남편의 돈 30냥을 대부하는 등 전주의 분포도는 다양하다(『경술일기』, 1850년 2월 6일, 1850년 6월 24일, 1850년 9월 1일, 1851년 7월 29일, 1851년 8월 6일). 그중에서도 자신의 딸과 같은 윤댁의 돈은 총 12회나 증식시켜 주고, 일정 기간이 지나면 100냥씩 서울로 송부하고 있다. 이 같은 현상은 어떻게 해석할 수 있을까? 은행이 출현하기 이전 지역의 전주는 주변으로부터 일종의 예금을 유치하여 자본금을 늘리고, 이를 대출하여 수익을 올린 후 일정액의 구전, 즉 수수료를 챙긴 것으로 이해할 수 있지 않을까? 아쉽게도 일기에는 유씨 부인의 구전 수수 이야기는 나오지 않으나 이러한 현상은 19세기 상인들뿐 아니라 서울 양반 관료들까지 광범하게 퍼져 있었다.

호랑이보다 더 무서운 고율의 이자

부인의 대출금 이자율과 환수율은 어느 정도일까? 총 10개의 기사 중 이자율을 계산할 수 있는 사료 4개를 선정하여 계산해 보았다. 1848년 11월에 비금이에게 자신의 저고리 판 돈 20냥을 빚으로 주었더니 1849년 12월 24일에 본전 20냥은 돌려받고 이자 10냥은 빚으로 남겼다는 기사가 있다. 이 경우 총 13개월에 대한 이자가 10냥이므로 이자율은 거의 5할(50%)에 육박한다는 것을 알 수 있다. 또한 귀점이가 무늬가 있는 자주 저고리 판 돈 10냥을 꾸어 갔는데 오늘 14냥을 받고 5전이 떨어졌다니, 총 11개월 동안의 이자 4냥 반은 이자율이 5할이다. 다른 기사에서도 부인의 이자율은 대체로 약 5할 내외였다.

우리는 부인의 일기를 통해 호서 지방의 사채 이율이 대체로 5할 내외의 대부라는 것을 확인할 수 있다. 부인과 지인 간의 친밀도에 따라, 그리고 신용도에 따라 약간의 차이가 있을 수 있겠으나, 전반적으로 이 이자율은 19세기 중반 관행적으로 받던 이자와 비슷하다. 당대 법정 이자율은 대체로 연 2할, 최고 5할인데, 실생활에서는 연 5할의 이자율이 통용되었다고 한다. 최승희는 19세기 담보가 있는 대부업 이자율은 월 5%(연 60%), 담보가 없는 대부는 월 3%와 5%(연 36-60%)가 일반적이었다고 한다.[56]

상환 기간은 잘 알 수 없지만, 대체로 1년 이내로 보인다. 그러나 대출금이 생각처럼 잘 회수되지 않았던 듯싶다. 당진의 은철이가 1848년 8월에 유씨 부인의 돈 50냥을 빌렸는데, 그동안 갚지 않다가 1850년 11월 17일 막돌이가 가서 간신히 30냥을 받아 왔다는 기사가 있다(『경술일기』, 1850년 11월 17일). 이에 학계에서는 원금 회수율이 낮기 때문에 5할의 이자율은 높은 것으로 볼 수 없다는 견해도 제기되고 있지만, 5할은 확실히 높은 고액 고리대이다. 이자 부담으로 인해 대부분의 채권자는 단기로 빚을 얻는 것으로 보인다. 대체로 1년 단위로 했던 것으로 추정되며, 차용증서 작성이나 담보물 책정 등과 관련한 기사는 일기에 나타나지 않는다. 그러나 10냥 이상의 대출들은 차용증서라도 작성하지 않았을까 추정된다.

이상과 같이 호서지역 사족 여성의 대부 활동을 살펴보았다. 대부업과 같은 이식 행위는 성리학적 이념에서 벗어났기 때문에 유학자들은 이를 비판하였다. 그러나 실생활에서는 왕실로부터 사족은 물론 상공인, 관청 등 재력이 있는 자들은 모두크고 작은 규모의 대부업을 겸했다. 각 마을공동체의 동회나 향계, 족계의 자금이나 재산 형성 방법으로 고리대를 활용했다는것은 광범하게 검출되고 있는 사실이다. 비록 환수율에 있어 리스크가 있었지만 가장 쉬운 이식 행위이자 천시되었던 육체 노동을 요하지 않았기 때문이다.

조선시대 고리대 활동은 백성들의 잉여를 수탈하는 기능을갖는 동시에, 사회·구조적인 문제로 지적되었다. 최근 고리대를 지주의 재산 증식 수단으로만 이해하지 말고, 마을의 신용수요와 공급이라는 측면에도 주목하자는 연구도 있다.[57] 양반가는 신용을 공급하는 기능을 함으로써 공동체의 안정을 꾀하는 역할과 책무가 있었다는 지적이다. 부인의 대부 활동도 그런시각으로 분석할 수 있다. 흥미로운 점은 부인은 주변의 자본까지 예치·활용하여 대부 활동을 하고 있다는 점이다. 하민들이나 지인들의 급한 현금 수요가 발생했을 때, 자신이 빌려주거나혹은 주변 지인의 돈을 알선하고 있다는 점에서 마을공동체의안정에 기여하고 있다고 볼 수 있다. 또한 부인은 대출과 알선을 통해 개인 재산 증식은 물론 사회적 명망을 유지하거나 확대 시키며, 하민들을 장악하는 동시에 충성을 꾀하고 있다고 해석 할 수 있다.

그러나 50% 이율의 고리대는 기본적으로 잉여를 수탈하는 속성을 갖고 있다는 점을 부인할 수 없다. 따라서 대부업을 활 발하게 할 경우 마을 주민들의 평가는 그다지 좋을 수 없을 것 이다. 김호근가에는 이를 뒷받침하는 이야기가 구전되어 온다. 1894년 10월 제2차 동학농민전쟁이 태안, 덕산, 예산, 해미, 홍 주 지역을 휩쓸고 지나갈 무렵, 해미현에서 결성현으로 넘어 가 는 길목에 위치했던 김호근가도 농민군의 습격을 받았다.[58] 이 때 부인의 손자 철규哲圭가[59] 다리 부상을 입었고, 상당한 군량 미와 군자금을 강탈당한 사건이 일어났다. 당시 부호가 및 세도 가로 이름이 높았던 다른 양반들과 안동 김씨들도 습격을 당했 고, 이들은 이른바 유회군을 조직하여 홍주성에서 관군과 함께 동학도를 토벌하는 데 앞장섰다. 그 후 일제의 국권침탈이 가속 화되자 홍주 지역과 김호근가의 친족들은 의병과 애국계몽운 동, 독립운동의 소용돌이 속으로 빨려 들어갔다. 이에 김호근가 는 1911년 수한리를 떠나 외부 충격으로부터 안전지대라고 판 단한, 인근의 외딴 지역으로 평가받았던, 결성면 용호리 평산으 로 이주했다. 동학군의 습격을 받았다는 것은 백성들의 평판이 그리 우호적이지 않았다는 뜻이자, 부호로 지목을 받았다는 뜻이다. 혹시 유씨 부인의 하민들을 대상으로 한 대부 활동이 이에 일조하지 않았을까 조심스레 추정해 본다.

4

유씨 부인의
쇼핑 목록과 수입품

부인의 현금 사용처와 구매 상품

상품 생산과 고리대로 증식한 돈은 어디에 사용했을까? 일기에는 유씨 부인의 여러 사용처가 등장한다. 그중 제일 빈도수가 높은 곳은 상품 구매이다. 먼저 부인은 다양한 물품을 지방 장시를 통해 구매했다. 구매 물품을 수공업 제품, 곡물류, 채소류, 과일류, 축산물, 수산물, 의복류, 가공식품, 의료, 기타 등으로 분류해 보았더니 그중 수산물의 비중이 단연 높았다. 부인은 생선 알·전복·홍어·꽃게·청어와 조기 등 각종 생선류·자반·조개류·굴·파래·미역·새우젓 및 소금 등을 구매하였다. 그것은 이 지역이 해안가이므로 신선하고 다양한 수산물을 쉽게 구매할 수 있다는 지역적 특징을 반영하는 것이며, 『여지도서』에 기재된 홍주 지역의 특산물 목록과도 일치하고 있다.[60] 이 중 가격이 비싼 전복과 굴, 생선 알의 대량 구매가 눈에 띈다. 굴은 굴젓으로, 전복은 말린 전복으로, 그리로 조기와 생선 알은 굴비과 알젓 등으로 가공하여 서울의 조대비전이나 관아, 서울 및 인근 친인척을 위한 선물로 보냈다.

다음으로 비중이 높은 것은 축산물이다. 1년 동안 총 14번의 소고기, 23번의 세육(제수용 고기), 4번의 개고기, 1번의 닭을 구매했다. 가장 많은 빈도수를 차지하는 것은 소고기류이다. '황육黃肉'은 소고기이며, '제육'은 돼지고기로 단 한 번 선물로 받은 것으로 나타난다. 일기에 빈번하게 나타나는 '세육'은 5명이 주기적으로 공급하고 있는 것으로 어떤 고기인지 확실하지 않으나, 제수용이기 때문에 소고기일 확률이 높다. 그 밖에 소갈비와 곰탕거리, 소 염통, 허파 등도 업자가 공급하거나 장시에서 구매했다. 소고기의 소비가 많은 것은 수시로 치르는 제사와 손님 접대, 그리고 육포로 가공하여 선물용으로 보냈기 때문이다. 그 외 개고기의 빈도수가 4번이나 나타난 것은 부인의 허약해진 몸을 보신하기 위한 것이었다.

살림에 필요한 각종 수공업 제품들, 즉 맷방석·병·색 궤·죽합·옹기·양푼·체·솥 등 일상용품을 세 번째로 많이 구매하였다. 특히 이 집에서 구매한 신발은 모두 솔거 노비인 개덕이의 짚신으로, 가격은 4푼, 1년 6개월간 총 11번이 지급되고 있다. 그 외 집안에서 만들지 않은 각종 가공 식료품류를 구매하였다. 예를 들어 집에서 수시로 만드는 떡이나 술 등의 구매 빈도수는 매우 적으나, 국수는 6번, 두부는 5번, 엿과 꿀은 3번을 구매했다. 국수의 경우 품삯을 주어 만들어 오기도 했다. 한편, 집에서 재배하지 않거나 추가로 필요한 팥·녹두·들깨·깨 등의 특용 곡물류를 구입했다. 무·생강·마늘·머위·청각·배추·파 등 일상적인 채소류는 대체로 집에서 재배하여 수요를 맞추지만, 모자라는 부분은 시장을 통해 충당했다.

옷감도 다양하게 구매하고 있다. 면포·삼베 외에 염료·실·바늘·신발 등도 구매했다. 앞서 언급했듯이 이 집안에서는 양잠도 하고 노비의 노동력을 이용하여 무명실을 생산하기도 하며, 외부에 노임을 주어 면포를 주문 생산했다. 그 외 주문하기 어려운 고급 서양목이나 5승포 군포를 비롯 노비에게 지급될 값싼 옷감류 및 기타 옷감은 시장에서 구입했다(『경술일기』, 1851년 8월 26일). 그러나 의외로 어린아이 옷을 12분(푼)을 주고 구입하는 것만 나타날 뿐 다른 의복 완제품 구입은 없다. 오히려, 가족 및 친족 어른 의복까지 모두 자가 생산하여 선물로 보냈다. 그것은 부인이 주변 노동력을 활용하여 시장에 판매할 의복까지 생산했기 때문일 것이다.

마지막으로 기타 상품을 보기로 하자. 부인이 지불하는 상품 중 가장 비싼 것은 나귀 한 마리에 40냥, 논 5두락에 15냥, 은 6돈 7분에 2냥 6전, 그 외 노리개, 안경 등이 있다. 이중 나귀는 양반의 품위 유지를 위해 반드시 필요한 지출이었다.

이상 그녀가 구입한 상품의 구성비를 보면, 양반가에서 일상적으로 지출하는 문구류나 책, 담배, 고급 신발이나 갓과 같은 용품은 보이지 않으며, 일반 농가에서 자주 등장하는 농기류 구매도 나타나지 않는다. 그것은 남편이 고급 육촉·담배·동정차 등 사치품들을 서울에서 구입 혹은 선물로 받아 본가로 보내고 있으며, 혁화革靴나 흑화黑靴와 같은 고급 신발도 지방 현청에서 선물로 받기 때문이다. 이것은 이 집안에서 소비되는 상품의 종류와 구매 빈도수, 지출 경비 등은 일기에 나타난 것보다 훨씬 많다는 것을 의미한다. 따라서 구매 목록에 기록된 것은 대체로 여성들의 권한으로, 가계를 운영하는 데 일상적으로 소소하게 필요한 생활용품이자 식료품들이라는 점을 기억해야 할 것이다.

지역 장시와 특별한 상품들

부인의 일기에는 다양한 상품이 등장하고 있다. 이 중 우리의 눈길을 끄는 몇 가지 특별한 상품이 있다. 먼저 그녀는 청국산 당목으로 만든 치마를 판매하고, 무늬가 있는 서양목 10척을 5냥을 주고 구입했다. 동일시기 무명 70척을 5냥, 보병 옷감 22척을 1냥 6분에 구입하는 것을 보아 서양목은 상당히 고가 제품이었다는 것을 알 수 있다. 이 시기 서양과 중국, 일본의 면포와 비단이 서울 시전에서 일상적으로 유통되고 있었음은 기존 연구를 통해 알려져 있다.[61] 실제로 같은 시대 인물이었던 유치명은 양포라는 것이 서양에서 나온 면포로 화사하고 톡톡해서 옷을 지어 입는 데 아주 좋은 물건이라고 전하고 있다.[62] 임헌회도 어머니 행장에서 "사돈댁에서 서양목으로 만든 옷을 보내기라도 하면 물리치며 입지 않으셨다"고 회고하고 있다.[63] 이와 같이 외국산 서양목과 당목이 지방 장시 혹은 보부상을 통해 판매되고 있었다는 사실은 지역 판매 상품의 다양화 및 고급화를 의미하고, 19세기 중반에 이미 서양 물품이 지방 깊숙이 유통되고 있었다는 현상을 반영한다.

다음으로 우리의 눈길을 끄는 것이 수박과 참외의 구입이다.[64] 이 집에서는 참외 등 여름 과일류를 재배한 것으로 나타난다. 그럼에도 불구하고 수박을 1개씩 두 번 구입하고 참외는 7개와 8개를 두 번 구입하여 친족에게 선물로 보내고 있다. 특별한 과일이기 때문에 선물용으로 이용했던 것으로 보인다. 아울러 서울에 살고 있는 가까운 인척이 포도와 복숭아 등을 선물로 보내오기도 했다. 한편 홍시·건시 등은 대량으로 구매되어 선물로 보내지거나 제수용 혹은 일상적으로 소비했던 것으로 보인다.

부인은 시장에서 구입하는 물품 외에 수공업자로 확인되는 사람과의 거래를 통해 필요한 물건을 제작하였다. 주로 공가(제작비)를 지급하고 상품을 만드는 형태였다. 예를 들면, 엿을 주문하면서 재료인 백미 2말 2되와 엿기름 7승 5홉을 주고 품값으로 벼 1말을 주는 식이었다(『경술일기』, 1850년 11월 17일). 또한 1850년 2월 5일에는 메밀 4말을 3전 7푼에 구입하여 메밀과 공전 값 2전을 지불하여 국수를 만들었고, 청양현감 점심을 위한 국수 수공비로 1전을 지불한 것이 나온다(『경술일기』, 1850년 4월 18일). 국수는 오늘날과 같이 밀가루로 만드는 것이 아니라 메밀이나 콩가루로 만든 것이다.[65]

집에서 필요한 옷장은 칠장(漆匠)을 집으로 불러 제작하였다. 장인의 경우 식사와 인건비를 제공하는 것 같은데, 집에서 약 일주일간 식사를 하면서 옷을 내고, 장을 짜는 것으로 나온다.

삯은 표시되어 있지 않으나 노동력의 상품화 진전도를 감안할 때 시가와 크게 괴리되지 않게 지불했을 것이다(『경술일기』, 1850년 9월 18일-1850년 9월 23일). 집에서 사용하는 오지그릇 등은 인근 옹기마을에서 주문 제작하는 것으로 나오는데, 아마도 항아리 몇 개에 일정 금액을 지불했을 것으로 판단된다(『경술일기』, 1850년 10월 30일). 이 밖에도 부엌 칼 2개를 수리하는 수공비가 지불되고(『경술일기』, 1850년 4월 3일), 개금(악기)을 수리하는 데 6푼이 지급되는 것을 볼 수 있다(『경술일기』, 1850년 10월 28일).

마지막으로 눈길을 끄는 것은 가공 식품류의 구입이다. 흔히 집에서 제작하여 소비하던 국수·두부·떡·술·엿 등을 인근 장시나 주막점에서 구매하고 있다. 또한 '조잘이 어미'가 국수를 제작하는 것처럼 마을 내 주민들이 생산한 것을 구입하여 소비하고 있다. 이는 상품 경제 진전의 중요한 척도가 될 수 있다는 점에서 주목할 만하다. 더욱이 목화밭을 가는 일꾼들의 술과 안주 값으로 돈 1전을 주었다는(『경술일기』, 1850년 4월 7일) 사실은 집에서 만들어 제공하던 인부들의 새참도 돈을 주어 구매했다는 것을 의미한다. 이처럼 개항 이전 지방민들의 삶은 기존의 연구에서 평가하는 것보다 더 상품화폐 경제에 깊숙이 편입해 있었고, 시장경제에 친연성을 갖고 있었던 것으로 보인다.

그림 11 김홍도, 《단원 풍속도첩》 중 〈장터길〉, 국립중앙박물관

유씨 부인은 수노인 막돌이를 장에 보내는데, 김홍도의 〈장터길〉처럼 나귀나 말을 이용하는
것이 아니라 걸어다녔다

상품 구매 방식은?

상품 구매는 어떠한 방식으로 이루어졌을까? 부인의 물품 구매는 상당 부분 화폐로 이루어지고 있었다. 화폐 구매는 총 구매 상품의 약 60% 가까이 차지하고 있다. 물론 구매 방식이 기재되지 않은 경우도 있지만, 이 경우도 대체로 화폐일 가능성이 높다. 이 항목까지 합할 경우 총 93.4%가 화폐 구매로 계산된다. 축산물, 수공업제품, 가공식품, 채소, 의복, 곡물, 과일 등 대부분의 품목은 거의 모두 화폐로 거래했던 것이다. 특히 수공업제품과 가공식품의 경우 화폐 구매의 비중이 제일 높다. 가끔 외상 구매도 이루어지나 그 빈도수는 매우 드물게 나타난다.

화폐 구매가 곡물 구매보다 빈도수가 높지만, 곡물 구매도 무시할 빈도수는 아니다. 따라서 어느 경우에 곡물로 구매하는지 일기를 세밀하게 살펴보았다. 그 결과 수산물을 장시에서 구매할 때는 화폐로, 어부나 섬사람들과 직거래할 경우에는 곡물로 거래하고 있었다. 필자가 현장 조사를 실시한 원산도 지역 주민들의 증언에 의하면 1960년대까지 곡식을 생산하기 어려운 섬사람들은 식량 확보 차원에서 수산물과 곡물과의 거래를 선호했다고 한다. 아마도 이러한 상황이 19세기에도 적용되었던 것으로 보인다. 즉, 교통이 발달하지 않은 섬이라는 특성이 시장으로의 편입을 늦추었던 것으로 보인다.

　이러한 부인의 상품 구매와 방식을 다른 집안과 비교해 보기로 하자. 기존 연구에 의하면 경상도 상주목 산북면의 권상일이 저술한 『청대일기』에는 시장 구매 기록이 다양하게 나타나지는 않는다고 한다. 다만, 17세기 이전 곡물과 면포를 중심으로 한 매매와 경제활동과는 달리 18세기 초에서는 그 중심이 동전으로 바뀌고 있다고 한다. 아울러 18세기 중엽까지도 시장을 통한 매매와 더불어 현물을 이용한 상호부조와 선물의 수수가 여전히 경제생활의 일부분을 차지하고 있다고 보고하고 있다.[66]

　반면, 동일한 18세기에 황윤석이 도시에 거주할 때에는 의식주와 관련한 거의 모든 물품을 화폐로 구입하고, 고향에서 거주할 때에는 주위에서 해결했다고 한다.[67] 아울러 선물을 주고받는 사례는 전체 경제활동 규모에 있어서 큰 비중을 차지하지 못했으며, 그의 선물 수수의 범위도 단순한 친구나 지인의 범주에 그치고 있다고 했다. 결론적으로 그의 경제활동의 대부분은 화폐를 본위로 하고 있다고 결론을 내리고 있다.[68]

　이와 같이 16-17세기까지 면포나 곡물 화폐가 교환 생활에서 차지하는 비중이 높았으나 동전 유통의 이후 18세기 중엽에 다다르면, 황윤석의 『이재난고』에서처럼 동전을 이용한 매매행위가 일상화되었다고 한다.[69] 본 일기도 이 같은 추세를 반영하고 있다. 앞서 언급한 대부분의 구매 및 매매 행위는 화폐로 이루어져 있으며, 상인들의 어음과 환 등 신용거래를 감안해 볼 때[70] 19세기 중반 조선 사회의 화폐 유통 및 거래는 지방에까지 확대·일상화되었다고 할 수 있다. 『경술일기』는 개항 직전 이 지역의 유통경제가 일반 백성들에게까지 널리 확산·침투되어 있으며, 이 집안의 경우 재분배(선물경제)보다 시장경제가 주축을 이루는 가계경영을 영위하고 있음을 보여 주고 있다.[71] 그것은 기존의 다른 17·8세기 사례연구와는 차별성을 띠는 점이라 하겠다.

5

봉제사 접빈객의
'블랙홀'

끝없는 '봉제사' 업무

'봉제사'는 유교의 가장 근본적인 윤리인 '효'의 실천과 맞물려 있는 것이었다. 살아 있는 부모에게 효도하듯, 돌아가신 부모에게 정성껏 제사를 지내는 것이 효의 실천이었다. 또한 조상 제사는 수신의 덕목을 닦는 방법이기도 했으므로 남성들은 제사를 모시기 앞서 몸과 마음을 가지런히 하였다. 그러나 실생활에서 '봉제사' 의무들은 여성에게 고스란히 전가된 몫이었다. 시도 때도 없이 돌아오는 제사는 종부들의 어깨를 무겁게 짓누르고 있었다.

일기에는 수많은 차례와 제사에 관련된 기사로 도배되어 있고 유씨 부인과 그녀의 노비들은 일 년 내내 제사 준비에 동원되고 있다. 제사의 종류는 일반적으로 사시제四時祭, 기제忌祭, 차례茶禮로 나뉜다. 사시제는 보통 시제라 불리는 것으로 음력 2·5·8·11월에 지내는 합동제사이다. 조선 후기에 접어들면서 네 번 모두 지내는 사람은 적었고, 5월과 11월 시제만 지낸 것으로 보인다. 기제는 조상이 돌아가신 날 새벽닭이 울기 전에 지내는 제사이다. 차례는 우리가 알고 있는 설날과 추석 외에도 기본적으로 매달 음력 1일과 15일에 지내는 초하루 차례와 보름 차례가 있다. 이 중 한식과 추석 때에는 묘제로 진행되기도 하였다.

김호근가의 제사도 이와 유사한 패턴을 보이고 있다. 일기에 기재된 제사만 해도 1년에 총 26번이다. 족보에 보이는 기제사 3-4회 정도는 누락된 것으로 보이는데, 이것을 합하면 총 30여 차례 된다. 이 같은 현상은 다른 양반 가문에서도 동일하게 나타나고 있다. 16세기 말에 살았던 오희문은 임진왜란 중에도 25회의 제사를 지냈다고 하며,[72] 16세기 인물 이문건도 19회의 제사를 모셨다고 한다.[73] 17세기 『계암일록』을 작성한 김령(1557-1641)도 44회의 제사를 주관 내지 참석하였다. 반면, 19세기에 『단계일기』를 기술한 김인섭(1827-1903)은 13회의 제사를 주관 및 참여하였다고 하는데, 얼핏 제사의 빈도수가 줄어든 듯 보인다. 이에 대해 정진영은 19세기 들어 단오제 등 속절 제사를 대거 폐지하는 대신 기제사를 4대로 강화시킨 것이 아닌가 추정하고 있으나,[74] 본 김호근가의 사례나 필자가 조사를 진행했던 아산의 예안 이씨 집안에서도[75] 30여 회 가까이 제사를 지내는 것으로 보아 지역마다 차이가 있으며, 호서 지역의 제사 종류와 수는 그다지 감소한 것으로 보이지 않는다.

부인이 지냈던 제사를 유형별로 분류해 보았다. 첫째, 매월 초하루에 '차례'로 불리우는 제사를 모셨다. 이 차례는 제물을 '주과포혜' 정도로 간단하게 준비한 후 사당에서 행해졌는데, 먼저 토지신께 술 1잔을 올린 후 의식이 시작되었다. 술은 가용주(집에서 담근 술) 중에 주로 청주나 약주를 미리 만들어 단잔으로 올렸다. 일기에는 이때 올린 다양한 차례 음식이 기술되었는데, 그중 몇 가지 사례만 확인해 보기로 한다. 기본적으로 '주과포혜'를 올리는 것으로 술·과일·마른 생선·식혜로 구성되어 있다. 여기서 '과포혜'는 그때그때 구하거나 살 수 있는 것으로 생률(밤)과 대합탕, 건시와 어탕, 능금(사과)과 계탕(닭고기), 참외·호두 등이 일기에 기재되어 있다. 둘째, '천신제'로 불리우는 제사가 있다.[76] 이것은 제철에 첫 수확하는 과일이나 산물을 음식으로 만들어 조상님께 먼저 올리는 제사이다. 일기에는 1월 7일에 청어로, 5월에 보리로, 8월에 햅쌀로, 10월에 국화전으로 천신제를 지내는 기사가 등장한다. 지내는 날짜로 보아 부정기적인 제사로 보인다.

셋째, 명절에 지내는 차례가 있다. 설과 추석 차례인데, 설에는 집에서 지낸 후 산소에 성묘를 다녀오고, 추석 때는 산소에서 차례를 모신 것으로 추정된다. 1850년 8월 15일 일기를 보면 하루 종일 비가 내려 묘사墓祀를 지내지 못하다가 저녁 무렵 잠깐 비가 그쳐 인근에 모신 산소에만 추석 차례를 지냈다는 기사가 나오고 있다(『경술일기』, 1850년 8월 15일).

넷째, 4대조까지의 조상이 돌아가신 기일 날에 지내는 기제사가 있다. 이 제사는 오늘날 우리가 지내는 제사와 동일한 형식과 규모로 지내고 있다. 제수 차림은 뒤에 기재하였다. 일기에 기제사는 '제사'로 표기되어 있는데, 4대 봉사를 하기 때문에 전부인의 제사를 포함하여 최소한 9번 지내는 것으로 보인다.

다섯째, 일기에는 10월 16일 '생신차례'가 등장한다. 일반적으로 부모가 돌아가신 후 3년 간, 즉 철상하기 이전까지는 부모가 살아계신 것처럼 생신상을 차린다고 하니, 이것이 바로 '생신차례'이다.

여섯째, 이 집안에서는 3월 3일 삼진날에는 진달래전, 5월 5일 단오날과 6월 6일 유두날에는 밀가루로 국수를, 7월 7일에는 칠석날 햇보리 음식, 9월 9일에는 국화전, 11월 동짓날에는 팥죽을 조상에게 올렸다고 전해지나, 본 일기에는 일부분만 반영되어 있다. 이렇듯, 일기에는 모든 제사와 음식이 다 기재되지 않았다. 다만, 제사용 편(떡)이나 술에 들어가는 쌀이나 누룩 등의 양과 기타 부재료 등이 기록되고 있는데, 이는 일기의 특성, 즉 가계부적인 일기 성격에서 비롯된 것으로 보인다.

김호근가의 예법과 제사 준비는 지금까지도 『가례원류家禮源流』[77]를 기준으로 하고 있다고 한다. 김호근가의 종손과 종부의 구술에 의하면[78] 제사는 대체로 자시(새벽 1시 이후), 즉 닭 울기 전에 지냈으며, 제복으로 남성은 옥색 도포 차림, 여성은 옥색 치마저고리에 민족두리(기)를 썼다고 한다. 민족두리는 예복에 갖추어 쓰던 족두리로 검정색이며 위에 옥판이 붙어 있으나 화려하지 않게 만들어 제사용으로 사용했던 것이다. 이때 검은 댕기와 하얀 동으로 만든 큰 비녀(잠)을 함께 장착했다고 한다.

제사 준비와 제사상

제사 준비는 다음과 같은 절차에 따라 엄숙히 진행되었다. 현 종부의 구술에 의하면, 제수 준비는 먼저 제주(술) 제작부터 시작된다고 한다. 제주로는 청주나 약주[79]를 사용하였는데, 청주 제작은 약 10-14일 정도, 약주는 5-7일 정도 소요되었다고 한다. 그 후 집안 대청소와 제기 닦기, 그리고 김치 담그기가 제사 3일 전부터 시작되는데, 고춧가루를 넣지 않는 백김치를 담갔다. 준비 시간이 제일 많이 소요되는 것이 떡이었다. 당시에는 집에서 벼를 정미한 후 쌀가루를 만드는 기초 과정부터 사람의 손을 거쳐야 했다. 이 집안에서는 대체로 백편, 꿀편, 싱검초편(당귀 잎을 넣은 떡)을 만들고 웃기를 그 위에 놓았다. 웃기는 떡을 장식하는 것으로, 찹쌀을 빚어서 화전을 만들거나 대추 고명을 얹었다고 한다. 이상과 같은 종부의 증언은 일기 내용과 대동소이하다.

유씨 부인은 5월 29일에 있는 고조할머니 평산 신씨의 제사를 준비했다. 이틀 전에 비들에게 제기를 닦게 하고, 호도 1말 반을 까서 그중 6되를 신씨 할머니 제사에 썼다. 5월 28일 편(떡)을 만들기 위해 비에게 백미 4말, 찹쌀 1말, 고물(팥) 20되를 주어 방아를 찧게 하였다. 그다음에는 탕과 적을 만들기 위해 노(奴)에게 명하여 고기를 준비하거나, 고깃간에서 고기를 샀다. 종부의 증언에 의하면, 제수용 고기로는 돼지고기를 사용하지 않았다고 한다. 닭적 외에 주로 소고기로 적과 탕을 썼다 하니, 이 집안에서 소비되는 소고기의 양을 가늠할 수 있다.

여러 제사 중 설과 추석 차례 때에는 제수 음식을 특별히 더 많이 장만한 듯 보인다. 떡은 기제사와 비슷하게 약 쌀 4말 정도로 준비하고 있으나(『경술일기』, 1850년 1월 1일), 고기는 총 4명을 통해 공급받고 있다(『경술일기』, 1850년 8월 12일; 1850년 8월 14일). 제사를 준비하기 위해 많은 인력이 동원되고 있다. 한 번의 제사 떡을 만들기 위해 백미 4말, 찹쌀 1말, 고물 19되를 내었고, 여종 12명이 방아를 빻았다. 그 외 팥의 계피를 내기 위해 추가로 1명이 더 동원되어 총 13명의 점심을 해 주었다는 이야기가 나온다.

한편 제사상에 올리는 음식으로는 일반 사대부 가문의 예법대로 3탕 3적을 올렸다고 한다. 3색 실과·대추·밤·포·식혜·3전(고기·생선·채소)·3적(소고기, 생선, 닭)·3탕(조기, 두부, 소고기)·삼색나물(고사리, 시금치, 무 등 제철 나물 3가지)·약과·다식(밤, 콩, 송화)·강정·시루떡 등을 정성을 다해 준비했다. 종부의 구술에 의하면 음식은 엄중하고 경건한 마음으로 위생적으로 만들며, 미리 먹지도 않으며, 심지어는 간도 보지 않는다고 한다.

제사상은 일반적인 노론의 상차림과 대동소이하다. 어동육서魚東肉西, 반서갱동飯西羹東, 고서비동高西妣東, 적전중앙炙奠中央 등의 범례를 따르며, 노론의 특징인 홍동백서紅東白西의 순으로 진설을 하고 있다. 다만 일반적인 노론가의 진설 방식인 '좌포우혜'를 따르지 않고, 반대인 '우포좌혜'로 진설한다. 즉 오른쪽

우포좌혜의 진설 방식에 따른 김호근가의 제사상

에 포, 왼쪽에 식혜를 배열함으로써 다른 노론 집안과 구별하고 독자성을 구현하고자 한 것으로 보인다. '우포좌혜'의 진설 방식은 갈산에 세거하고 있는 갈미 김씨 친족에게서 동일하게 나타난다.

오고 가는 '빈객들'

조선시대 '접빈객', 즉 손님맞이는 부덕婦德의 실천이자, 사회적으로 중요한 의무 사항이자 미덕으로 강조되었다. '인심이 후한 집은 자손들에게 복이 오고 흥할 뿐더러, 박한 집은 망한 다'는 식의 스토리는 사회적으로 끊임없이 재생산되어 유포되었다. 그것은 숙박시설과 음식점이 발달하지 않은 당대 여행객들에게 숙식 해결은 생존과 직결된 것이기 때문이다. 또한 '인심이 후하다'라는 평은 공동체 내에서 지역 유지로 인정받고 군림할 수 있는 덕목 중 하나로 유통되었다. 양반들은 손님 외에도 집에 드나드는 하민들과 거지들에게 식사나 음식물을 제공하지 않을 수 없었다. 이렇듯 조선의 사회와 문화는 지배층과 피지배층 간의 상호 타협과 조정을 통해 형성되고 지속된 것이었다.

'접빈객'은 유교 윤리의 중 하나인 '붕우유신朋友有信'의 실천이기도 했다. 남편 혹은 자식의 친구가 왕래할 때 정성껏 접대하는 것은 친구 간의 우애를 표현하고 신의를 돈독히 하는 것이었고, 후일 자신도 동일한 대우를 받을 것을 미리 약속받는 행위이기도 했다. 또한 조선시대 '접빈객'은 세상과 소통하고 정보를 입수하는 통로였다. 교통과 통신이 발달되지 않았던 당대에 사랑방 손님은 외부 세계의 뉴스를 전달하고, 지식과 경험을 나누는 자이기도 했다. 아울러 손님과 친분을 두터이 함으로써 주인은 사회·정치적 네트워크를 확대시킬 수 있었다. 이러한 소중한 기능이 있었기에 양반가의 안주인은 남편의 친구들과 지인 접대에 심혈을 기울였다.

김호근가에는 많은 손님이 찾아왔다. 일기가 작성된 16개월 동안 부인에게 식사나 숙식을 제공받은 자들을 합산해 보니 188회에 달하였다. 남편의 친구들은 38회, 친족은 115회, 하민들은 35회 방문하였다. 대체로 남편의 부재 여부와 빈객의 수는 비례하고 있었다.

먼저 전체 방문객 중 친족의 비중은 37%를 차지하고 있다. 이들의 대부분은 인근 지역에서 거주하고 있는 부계 혈통의 10촌 이내 친족들인 반면, 부인의 친정쪽 남성 친족의 방문은 찾아볼 수 없었다. 한편 여성 친족들의 방문은 전체의 약 25% 정도를 차지하고 있는데, 전체 방문객의 1/4을 차지하는 수치이다. 이들 거의 모두가 시가쪽 친족들이라는 특징이 있다.

남편의 지인이나 친구들은 총 38명이 방문했는데, 대부분 인근 및 원거리 지역에 거주하는 자들로 보인다. 방문자의 지역을 보면 결성·면천·공주·보령·황주·부여·임천·청양·화산 등 대체로 충남지역으로 좁혀지며, 방문 시 1박 2일의 숙박과 식사 및 술을 제공받고 있다. 대다수가 노복을 대동하고 방문하거나 다른 손님과 동반했다.

이미 알려진 바대로 손님의 수는 현직에 있을수록, 그리고 높은 관직에 있을수록 증가한다. 또한 이들의 수는 주인의 사회적 권세와 추종자의 수를 상징하는 것이다. 심할 경우 주인의 사랑방에서 십여 명의 빈객들이 수일에서 여러 달까지 체류하는 경우도 빈번했다. 이 때문에 19세기 말 조선을 여행한 많은 서양인은 이구동성으로 이른바 식객 혹은 문객을 조선 지배층의 안일과 부패, 그리고 정치 파행성의 표상으로 지적하기도 했다.[80]

한편 유씨 부인댁을 방문한 하민들은 총 35회, 즉 전체 방문객의 19%를 차지하고 있다. 이들 중 여성의 비중이 월등히 높다. 아마도 집안 살림을 관장하는 사람이 부인이기에 동일 여성이 방문하는 것으로 보인다. 또한 사회적 관계 증진을 목적으로 방문하는 하민의 수가 의외로 많지 않은 것은, 총 빈객수를 합산하는 과정에서 하민 중 노동이나 경제적인 청탁을 위해 방문하는 자들은 포함시키지 않았고, 식사와 숙박을 제공받은 자들만 계산하였기 때문이다. 그러나 이 중에서도 일부는 청탁이나 노동을 목적으로 방문했을 수 있기 때문에 실제 수는 더 적을 것으로 예상된다. 이는 양반들과 하민들 간의 개인적 연결망이 발달하지 않았다는 현상을 보여 주는 것으로, 신분제 사회의 특징을 반영하는 것으로 해석할 수 있다.

신분에 따른 손님 밥상

격식이 담긴 손님 상차림

누가 방문하는가에 따라, 그리고 방문객의 사회·정치적 위상에 따라 부인이 내오는 음식의 종류와 질에서 차이가 있었다. 먼저 이 집에서 가장 환대를 받았던 그룹은 현직 지방 관료군이다. 일기에는 결성과 화산, 임천, 청양현감이 총 5번 등장하는데, 이들 중 청양현감은 한 번 내방할 때마다 2박 3일씩 체류했다. 당시 청양현감은 김상현金尙鉉(1811-1890)[81]이다. 김상현은 광산 김씨로 헌종의 능인 경릉(구리시 동구릉)을 조성한 자이며, 이후 인근의 청양현감으로 부임하였다(『승정원일기』, 철종 즉위년(1849) 12월 23일, 철종 원년 3월 9일, 철종 2년 4월 5일). 그는 대원군 집권기에 공조판서, 경기감사, 평안감사로 승진한 것으로(『비변사등록』 256책, 고종 12년 11월 6일, 258책, 고종 14년 10월 7일) 보아 조대비 및 대원군과 가까운 관계로 보이며, 김호근과는 학맥과 혈연으로 맺어진 관계가 아닌가 싶다. 1850년 3월 23-25일까지 청양현감 대접 내역이 일기에 기재되어 있는데, 이를 바탕으로 부인의 손님 상차림을 재구성해 보자.

1850년 어느 따스한 봄날 청양현감은 현청에서 그 전날 출발하였는지, 김호근가에 점심 전에 도착하였다. 부인은 점심으로 가볍게 깨죽, 꼴뚜기 회와 실과를 대접한 후 손님 접대를 위한 본격적인 음식 준비에 착수하였다. 막돌이를 인근 장시에 보내 식재료를 구입하고, 여종들을 시켜 떡을 만들기 시작하였다. 아직 음식이 채 준비되지 않은 저녁에는 5첩 반상으로 내었다. 24일부터는 본격적인 접대에 들어갔다. 아침상에는 국수와 대하를 가볍게 내었고, 점심에는 총 12가지의 음식을 차렸다. 송편·화전[82]·두텁단자[83] 등 세 종류의 떡, 수육·생선찜·느리미(누르미)[84]·수란[85]·어채[86]·묵채[87]·화면[88]·잡탕의 국수, 그리고 디저트로 여러 종류의 과일이 상에 올랐다. 저녁상도 이와 비슷하게 차려졌다. 그러나 셋째 날 청양현에서 살인사건이 일어나 현감이 예정보다 빨리 가게 되자, 간단히 국수를 대접했다고 한다. 지방이라는 환경을 감안해 볼 때 상당히 화려한 손님상이다.

청양현감은 1850년 10월 22일-24일 늦가을에 다시 김호근가를 방문하였다. 부인의 손님 접대는 시작되었는데, 22일 저녁 무렵 도착한 후에는 국수가 상에 올랐다. 23일부터 접대 음식이 나왔는데, 조반으로는 육개국(개고기)과 만두, 점심에는 신설로 2틀(2개)을 차려 국수와 함께 대접하였다. 오후 간식으로 유자, 석류를 넣은 화채와 사색 정과(4가지 정과)[89]를 함께 내었고, 저녁으로는 굴을 넣은 비빔밥을 만들었다(『경술일기』, 1850년

10월 24일). 한편, 임천 현감이 방문했을 때는 깨죽, 수란, 조홍시,[90] 순으로 침채(물김치), 생니(햇배)를 내었다.

여기서 호서지역 양반 가문의 상차림을 엿볼 수 있다. 가문의 품격을 반영하는 다양한 찜·채·탕·전·편육·떡·화채·정과 등이 등장하고 있다. 즉, 식생활에 있어서 향촌 양반과 경화사족 간의 큰 차이가 없는 듯이 보인다. 이 중 국수는 상당히 고급 음식으로 취급된 것으로 추정되며, 조반이나 점심 등 가볍게 대접할 때 상에 올랐다. 또한 식탁에는 인근 지역에서 생산되는 식재료를 활용한 음식들이 올라가고 있다.『신증동국여지승람』을 살펴보면, 홍주목에서 청어·넙치·준치·홍어·오징어·전복·낙지·조개·굴·토하土蝦(새우젓용 새우)·대하·중하中蝦·자하紫蝦·황소어黃小魚·전어·삼치·조기·숭어·김·뱅어·밴댕이·게 등 다양한 해산물이 생산되고 있다고 했다.[91] 유씨 부인은 이러한 식재료를 활용하여 대접하는데, 손님상에는 대하·생선찜·꼴뚜기·어채·굴 등이 올라가고 있다. 또한 부인이 외부로 송출하는 선물 물목에는 김·조기·굴·전복 등 해산물들이 주요 품목으로 등장하고 있다. 하민들의 밥상에도 청어, 토하(새우젓) 등 주변 자연환경에서 구할 수 있는 식재료를 이용한 반찬이 제공되었다.

아울러 손님상에서 신설로·수란·화면·어채·두텁떡 등 서울의 궁중음식이 이 지역까지 전파되었다는 것을 확인할 수 있다. 아마도 이 집안이 서울의 경화사족 및 궁궐과 인맥이 닿았기 때문일 것이며, 이러한 통로를 통해 서울의 궁중요리가 전국적으로 소개·전파되는 것으로 짐작할 수 있다.

정성이 담긴 양반가 생일상과 친족 상차림

집안의 어른이자 주인인 시부모와 가장의 생일은 명절과 함께 부인네들이 치루어 할 주요 행사 중 하나였다. 유씨 부인도 남편인 김호근의 생일에 정성스레 상을 차려 인근 친지들을 초대하였다. 양반가의 생일상을 확인해 보자. 아침 생일상에는 국수와 느리미, 전골이 올라갔고, 점심상에는 인절미·송편·갑피떡(개피떡)92 등 3종류의 떡과 갈비탕, 묵을 내었다. 흰떡까지 하였는데(『경술일기』, 1850년 2월 11일), 떡은 대표적인 통과의례의 음식이었다. 일기에서 다양한 종류의 떡이 등장하고 있다. 흰떡·가래떡·인절미·설떡·편(제사)·약식·콩무리 떡·팥떡·콩떡·녹두떡·송편·두텁떡·개피떡·화전·느티떡·수단93 등을 만들었다. 이 중 일부 음식은 참석하지 못한 주변 친족들에게 선물로 보내기도 하였다.

친족들에게 접대한 음식도 자못 흥미롭다. 친족의 중요도와 친밀도에 따라, 방문 거리와 식재료의 여부에 따라 접대 음식의 차이가 있다. 몇 가지 사례를 보기로 하자. 인근 지역의 오곡댁 서방님이 내방할 때는 콩죽, 생복회, 갈비탕, 홍시 등을 대접하였고(『경술일기』, 1850년 11월 9일), 오곡댁 아가씨가 왔을 때에는 소고기로 불고기를 해 주고, 떡이나 국수를 대접하기도 하였다. 다른 친족보다 오곡댁 친족에게는 정성스레 대접했는데, 아마도 오곡댁과 혈연적으로 가깝거나 개인적으로 두터운 친분을 유지해서가 아닌가 싶다. 인근의 수한댁 진사님이 왔을 때는 흑임자 깨죽, 윤댁이 왔을 때는 인절미, 개장국, 닭탕을 하였다.

그밖에 일기에 나타난 특이한 음식을 열거해 보자. 부인이 수곡댁에 가서 대접받은 음식은 강분(생강즙 가루)에 좁쌀을 넣어 쑨 죽이다. 이른바 생강죽인데, 지금은 잘 알려지지 않은 음식이다. 곶죽도 나타나는데 아마도 곶감을 넣어 쑨 죽으로 보이며, 좁쌀죽·녹두죽·팥죽·흑임자죽·미음 등도 기술되어 있다.

'봉제사 접빈객'에 빠질 수 없는 것이 있는데, 바로 술이다. 부인은 남자 노비를 시켜 술을 빚게 하는데, 백미 2말과 누룩 세 덩이로 청주를 빚는 기사가 등장한다. 그밖에 탁주, 소주, 약주 등을 제사를 모시기 전이나 명절 전, 혹은 농번기에 담그고 있다. 김호근가의 종부에 의하면 1960년대까지 제주로 청주나 약주를 빚었고, 일꾼들을 위한 술로는 탁주(막걸리)를 제작했다고 한다. 참고로 조선 초에는 소주가 고급술에 속했으나 후기에 들어와서는 대중화되어 많은 사람들이 애용했다고 한다. 탁주는 누룩과 술밥을 섞어 만든 술인데, 위의 맑은 술을 약주 혹은 청주라 하고 가라앉은 술을 탁주 혹은 막걸리라고 부른다.[94] 탁주는 일반인들이 주로 마셨고, 청주, 약주, 소주는 양반들이 애용했던 술이다.

주식 중심의 하민 음식상

김호근가에서 만들어지는 음식에는 생태·권력·신분관계가 반영되고 있다. 양반들의 음식들과는 판이하게 일꾼들을 위한 음식상은 다르게 준비되고 있다. 일단 반찬의 개수, 쌀의 품질에서도 차이가 난다. 일반적으로 뽕잎을 따거나 밭농사 등 농번기에 남자 일꾼과 남노에게 제공되는 식사량은 한 끼당 7홉, 여종에게는 5홉으로 정해진 듯이 보인다(『경술일기』, 1850년 4월 19일, 1850년 5월 7일, 1850년 6월 30일, 1850년 9월 14일). 물론 **때때로** 밥을 많이 먹는 남자에게 큰 되로 1되, 여종의 경우 7홉이나 1되 정도의 쌀을 한 끼 식사로 제공하기도 하지만(『경술일기』, 1850년 3월 21일), 대체로 앞서 언급한 대로 남자 7홉, 여자 5홉의 기사가 가장 빈번하게 등장한다. 그러나 이들에게는 낮은 품질의 쌀이 제공했다.

일기를 보면 늦은 봄 산에서 비료와 땔감을 채취하기 위한 벌목이 시작되는데, 이때 작업에 동원된 일꾼들의 식량을 마련하기 위해 개금에게 들충벼 한 섬을 찧게 했다. 들충벼란 쭉정이가 많고 덜 익은 벼를 뜻한다. 또한 비금이와 시월이가 방아를 찧은 궂은쌀은 지난해 생산된 묵은쌀로, 뽕잎 채취에 동원된 일꾼들에게 점심으로 제공되었다. 이와 함께 고공들이나 노비들의 반찬으로는 새우젓, 관목, 청어 등 1인당 생선 2마리를 올렸다. 일기를 보면 겨울용 땔감을 준비하기 위해 막돌까지 인부 31명을 고용하였는데, 쌀 3말과 청어 60마리를 주었다 한다. 이렇듯, 목화밭을 갈거나 김장 무를 등을 심는 등 본격적인 농사철에는 1인당 9.7홉의 쌀과 청어 2마리를 배당했고, 점심 외에 새참으로 술과 안주가 제공되기도 하였다.

이와 같이 유씨 부인이 노비와 고공들에게 차려준 밥상은 앞서 살펴본 양반들의 밥상과 비교하여 볼 때, 쌀의 품질이나 반찬의 가짓수에서 큰 차이를 보이고 있다. 바로 신분과 권력, 부가 밥상에 고스란히 투영된 결과였다.

고급스러운 궁궐 음식의 전파

서울의 경화사족과 친족 관계 및 정치적 네트워크를 유지하고 있던 김호근가는 서울 궁궐의 조대비전과 음식을 상호 교환하고 있었다. 궁궐의 음식은 정·종 1-3품 관료들에게는 명절이나 임금의 탄신일을 기하여 하사되곤 하였지만, 지방의 양반들에게 하사되는 일은 그리 흔한 것이 아니었다. 1849년 10월 말 조대비전에서는 어떤 연유에서인지, 4층 찬합에 음식을 가득 담아 김호근가로 보냈다. 여기서 우리는 궁궐의 음식문화를 엿볼 수 있다. 먼저 1·2층의 찬합에는 산자, 약과, 다식이 들어 있었고, 3번째 층에는 갖가지 색깔의 마른 반찬, 네 번째 층에는 6가지 색의 자반(소금에 절인 해산물)이 고급스럽게 담겨 있었다. 이 밖에도 귀한 전복젓과 숙게젓은 따로 백 항아리에 넣어 보내왔다(『경술일기』, 1850년 10월 27일). 유씨 부인은 이를 주변의 친족들과 나누어 먹었다. 이렇게 궁궐 음식의 송출은 궁중과 서울지역의 음식문화가 지방에까지 전파되는 계기가 되고 있다.

이에 대한 답례인지 모르지만 부인도 조대비전에 음식을 보내고 있다. 일기에는 1851년 9월 20일 것만 기록되어 있지만, 아마도 매년 가을 추석을 전후하여 궁궐로 음식을 올렸던 것이 아닌가 추정된다. 음식은 남노男奴 4명이 등짐으로 서울까지 나르는데, 4층짜리 '왜(倭) 찬합'에 산자·다식·타래과[95]·강병(생강 떡)·조판·문어·전복쌈·광어포육을 가득 넣고, 굴젓·굴김치·감을 보냈다고 한다(『경술일기』 1851년 9월 20일). 왜(일본) 찬합은 궁궐과 양반들이 의례적인 음식을 보낼 때 주로 사용한 것으로, 일본에서 수입한 것인지, 혹은 일본 찬합을 모델로 국내에서 제작한 것인지 확실하지 않다. 왜 찬합은 19세기에 들어와 문헌에 가끔 등장하는데 수입품일 가능성이 높다.[96] 조대비전에서 내려오는 음식은 이른바 궁중음식으로 지칭되는 고급스러운 것들이고, 부인이 궁궐로 보내는 것은 서해안 식재료의 특성을 십분 살린 문어·전복쌈·광어 포육·굴김치 등 특산 음식이었다.

부인은 때때로 음식을 만들어 산후조리용 선물이나 인근 어른 생신 혹은 병문안 선물로 송출하고 있다. 서울의 윤댁에게 보내는 음식물 내역을 보면 관목 1항아리, 전어 1항아리, 포, 북어무침 1항아리, 문어무침 1항아리, 파래지 1항아리를 산후 조리용 음식으로 보내고 있다. 그밖에 서울에 보내는 음식과 식재료로는 황률(밤)·조기·포·굴젓·게젓·꼴뚜기 젓 및 각종 젓갈·말린 전어·건 도미·북어와 문어 무침·파래 장아찌·산적 장아찌·전복 장아찌·홍시·참기름·굴 식혜·생복·파래·김 등이 등장한다. 이렇듯 외부로 송출하는 음식은 장시간의 수송 과정에도 상하지 않는 장아찌·젓갈·건어물들과 지방 특산물 및 고가의 식재료 등을 보낸다는 특징이 있다.

반면 외부에서 유입되는 식재료로는 황해도 해주에서 보내오는 약과·중계·유청·생이정과·포·문어·전복이 있다. 서울에서 보내오는 것으로는 포도·복숭아·고가의 오린어,[97] 다른 지역의 생산품인 나물과 담배 등을 들 수 있다. 이렇듯 장거리 간의 선물 교환은 지방 특산물, 상하지 않는 건어물과 젓갈류 등 상대적으로 고가이자 구하기 어려운 귀한 물건 등이 주종을 이루고 있다.

유씨 부인은 본가를 방문한 남편의 친구나 지인, 친족들에게 정성껏 접대하였다. 음식의 종류와 가격, 메뉴를 확인해 본 결과 매우 다양하고 고급스러운 궁궐 요리들과 특식들이 만들어지고 있었다. 물론 식재료는 해당 지역의 자연과 환경에서 생산된 것으로 해안가라는 생태적 특징을 반영하고 있었다. 한편 사족 및 친족의 상차림을 하민의 것과 비교해 본 결과 접대 음식의 종류와 품질, 가격, 요리 가짓수에서 확연한 차이가 있었다. 즉, 요리 중심의 양반 상차림과 주식 중심의 하민 상차림이라는 특징과 함께 밥상에는 사회·경제적 권력관계가 투영되어 있었다.

6

여성의 '사회'와
네트워크

마님의 전국적인 연결망

조선 양반가 여성들은 사회와 어떤 관계를 맺으며 삶을 영위했을까? 그동안 유교적 사회윤리와 규범이 전 사회에 확산되었던 18·19세기의 양반 여성들은 일상생활에서 엄격한 통제와 규제를 받고 살았고, 따라서 이들의 사회적 관계 또한 매우 협애했을 것으로 짐작했다. 이런 추측들은 남성들이 남긴 자료에 의한 연구 결과라 할 수 있다. 그러나 유씨 부인의 일기에는 여성을 수동적인 존재로만 규정할 수 없는 여러 모습이 등장한다. 비록, 양반 여성들의 문밖 출입 빈도수는 남성보다 낮더라도, 이들은 다양한 방법을 통해 자신들의 네트워크를 유지하고 바

깥세상과 소통하고 있었다. 그들의 사회적 네트워크는 자식들의 혼사 및 남편의 관직 진출, 정보 획득, 가정의 유지 및 운영 나아가 유사시 가족에게 닥쳐올 위기를 관리하는 데 긴요했기 때문이었다. 나아가 사회적 제 관계들은 각 집단의 문화적 정체성 및 정치적 입장, 개인·가족·친족·마을공동체의 항상성과 지속성을 담보하는 데 주요하게 기능하고 있었다.

과연 조선시대 여성들은 평균적으로 몇 명과 관계를 맺었기에 좁은 울안에 갇혀 있었다고 하는 것일까? 지인의 관계망을 측정하는 다양한 방법이 있겠지만, 필자는 유씨 부인이 일기를 작성하는 기간 동안, 즉 1년 반 가량 만나고 접촉하는 모든 사람의 수를 추적·조사해 보았다. 여기에는 집을 방문하는 남편의 친구들, 물건을 팔러 오는 보따리상들까지 포함하여, 일기에 방문하는 모든 인물을 친족그룹, 교우(친구)그룹, 하민(평민/노비)그

그룹		명수	남	여	%
교우		13	13	0	5
친족		117	53	64	46
하민	노비	66	26	40	26
	평민	57	39	18	23
합계		253	131	122	100

표 4 일기에 기재된 지인의 수(1849.9.20.-1851.9.28.)

룹 등 4그룹으로 분류하여 지인의 수를 확인해 보았다.

1년 반 가량의 일기에는 총 253명의 인물들이 등장한다. 전체적인 성별 비율을 볼 때 여성이 약 48%, 남성이 52%를 차지하고 있다. 조선 후기 유교 규범과 내외법을 감안하고, 외부 활동이나 업무는 남성들의 몫으로 간주했던 관행으로 볼 때, 남성의 비중이 여성의 수치를 약간 상회하는 것이 의아스러울 수 있다. 아마도 남편이 상당 기간 출타 중이므로, 남편을 대행하여 손님을 접대하고, 업무를 처리하는 경우가 많았기 때문일 것이다. 그러나 성별의 양적 규모가 아닌 질적 내용을 살펴보면 부인의 상대 파트너는 주로 친족 여성이며, 이들과 정서적으로 긴밀한 관계를 맺고 의사소통하고 있었다. 여성은 여성들끼리 긴밀한 사회적 관계를 맺고 있다는 점이다.

부인의 지인 중 가장 높은 비중을 차지하고 있는 집단은 친족그룹으로 전체의 46%를 차지하고 있다. 그녀가 정보를 공유하고 교류와 친목을 도모하는 대상이 주로 친족이라는 것을 알 수 있다. 반면 교우로 분류된 지인은 모두 남편과 관계된 자들이다. 이름을 모르는 빈객을 제외하고 부인이 이름을 아는 남편의 친구들은 총 13명으로, 5%에 불과하다. 일반적으로 양반 남성의 경우 친구 비중이 높은 것을 감안해 볼 때, 이 부분은 당시 사회 규범에 따른 여성의 특성이라 할 수 있다. 한편 부인과 관계를 맺고 있는 하민은 총 49%이다. 그중 노비가 26%로 이웃의 주민들이나 예속민의 비중을 약간 상회하고 있다. 그것은 실생활에서 부인이 노비들과 관계를 맺으며 가계를 경영하기 때문으로 풀이된다. 한편 이웃 평민 그룹의 지인 내용을 보면, 교군, 장사치, 지관, 고공들이므로 남성의 비중이 높다고 할 수 있다. 이상과 같은 이들이 부인의 관계의 그물망 속에 놓인 '그녀의 세계' 구성원들이다.

1년 반 정도 기간에 여성이 관계를 맺었던 사람들이 약 250여 명 정도라면 양반 남성에 비해서 적은 수이지만, 다른 계층의 여성에 비해서는 그리 적은 수는 아닌 것으로 보인다. 또한 ○○댁으로 명시된 사람들은 1명으로 계산하였으므로 실제로 유씨 부인이 아는 사람은 훨씬 많을 것이다. ○○댁의 가족 구성원은 해당 남성 외에도 적어도 5-6명은 될 것이기 때문이다. 따라서 부인이 교류하거나 인지하고 있는 지인의 규모는 이보다 훨씬 크다고 추정할 수 있다.

결론적으로 부인의 사회적 네트워크의 내용과 특징을 보면, 시가쪽 10촌 이내의 친족 그룹이 중심이 되며, 지리적으로 대면적 접촉이 가능한 근거리 거주가 더 많으며, 1:1의 관계 패턴을 보이고 있다. 한편 부인은 다른 방법을 통해 사회적 네트워크를 확장시키고 있다.

다양한 네트워크 관리 방법

외출하는 여성들

　유씨 부인은 집에서만 방문객을 맞이하지 않았다. 조선 양반 여성들도 필요할 때는 문밖 출입을 하였다. 물론 그 빈도수는 그리 높지 않았다. 그녀는 16개월 동안 20번 가량 시가 쪽 친족들을 방문하였는데, 1달에 한 번이 약간 넘는 꼴이다. 유흥이나 여가를 목적으로 외출한 것이 아니라 주로 친족 어른들의 생신과 아기 백일잔치 및 혼례, 상례, 제사 등 집안 행사에 참석하기 위한 목적이었다. 한번 외출할 때에는 목적지 부근에 위치한 다른 친족 집에 들려 문안 인사를 빠뜨리지 않았다. 즉, 1회 외출에 2-3집을 방문하는 형태를 취하고 있다. 대체로 부인 단독으로 외출을 하며, 부부가 함께 방문하는 것은 1회밖에 나타나지 않았다. 이때 원거리나 의례적인 행사에는 가마를 이용하였고, 나머지는 걸어 다녔다.

　반면 남편의 외출 상황을 보면 여성과는 다소 다른 특징을 나타낸다. 김호근이 홍성 본가에서 거주했던 총 315일 동안 무려 95회나 외출을 하는데, 약 3.3일에 1회씩 외출을 한 셈이다. 방문 목적은 인근 지역에 세거하고 있는 친족들의 상·장례 발생 시 조문, 제사 및 차례 참석, 병문안, 생신 연회 및 혼례식, 복관직 참석 등으로 나타난다. 그중 가장 큰 비중을 차지하는 것은 장례 참석으로 총 9회를 차지한다. 이밖에도 계속되는 상사로 인해 지관과 함께 묘 자리를 마련하러 다니는 모습도 눈에 띄는데, 당대 양반의 주요 업무 중 하나인 '봉제사'의 한 형태이다. 이렇게 가족 내에서 남성들은 대외 업무와 의례에 동원되고 있다는 것을 알려 준다. 뿐만 아니라 헌종대왕의 소상 곡반에 참석하기 위해 결성 현청을 방문하는 것과 인근 청양현감을 만나러 가는 등, 지역 양반으로의 소임과 사회적 위치를 방증해 주는 대목도 눈에 띈다.

서울에 거주하는 친족 여성들은 가끔 갈산 지역을 방문하고 있다. 경상감사를 역임한 김대근金大根(1805-1879)의 부인인 참판댁 전동 아주머님과 황주목사인 김헌순金獻淳 (1793-1852)의 부인인 황주댁 동서도 유씨 부인집에서 숙박하고 갔다. 그 외 교동댁으로 불리는 여성과 서울에 거주하는 것으로 추정되는 윤댁은 약 12박 13일 동안 이 집에 숙박하면서 인근 신우댁·행촌댁·방곡댁·후촌댁·용암댁 등 친족들에게 문안 인사를 다녔다. 이처럼 일기에 등장하는 양반 여성들은 그야말로 집에만 갇혀 있는 것이 아니라 필요에 따라 외부 출입을 하며, 멀리 떨어져 있는 친족 방문을 위해 여행길에 나서기도 하였다.

문안비의 교환

유씨 부인이 1달에 1회 정도만 외출하였다고 해서 조선의 양반 여성들이 폐쇄적인 삶을 살았다고 판단해서는 안 된다. 일기에는 그녀의 외출을 대행할 사람과 수단이 기재되어 있다. 그것은 바로 문안비問安婢였다. 양반 여성들이 새해 등 명절에 양반 여성들이 친족 어른과 사돈댁에 얼굴이 고운 어린 계집종을 잘 차려 입혀 문안 인사를 보냈는데, 이들을 문안비라고 불렀다. 대체로 정월 3일부터 15일 사이에 오고 갔는데, 청국에는 없는 조선 사회의 문화적 특수성에서 기인한 것이라 한다.[98]

부인은 노호댁에 복매를 보내거나 방곡댁에 판절이를 보내 새해 인사를 여쭙고 있다. 친족 어른들의 문병 인사차 문안비를 보내기도 하는데, 사점이와 개덕이를 수한댁과 오곡댁에 보내는 것이 확인되며, 관손이를 오곡댁에 보내 상례 문안을 대신하도록 하였다. 이러한 경우가 총 10번 나타난다. 한편, 오곡댁에서도 유씨 부인의 병문안을 위해 금매와 늦점이를 보내기도 하였다. 그 외 친족 소식이나 정보를 급히 전달하기 위해 하인을 보내기도 하였다. 문안비 교환은 대체로 동일 지역 내로 한정되었지만 반드시 그런 것만은 아니었다. 1859년 9월 1일 서울 장동댁에 선물을 보내는데 남자 노복과 함께 금례를 보내어 서울 친족들에게 심부름과 안부 인사를 대신하게 하였다(『경술일기』, 1850년 9월 1일, 1850년 9월 30일).[99] 물론 원거리에 문안비를 파견하는 것은 일반적인 일이 아니었다.

'서신 왕국'의 여성들

조선시대는 '서신 왕국'이라 할 만큼 남성과 여성들은 많은 편지를 주고받았다. 기존 연구에 따르면 여성들의 편지는 남편과 아내, 시아버지와 며느리, 어머니와 아들 등 직계 가족에게 보내는 편지가 많았으며, 대부분 집안 남성과 여성 간의 의사소통을 위한 것이었다.[100] 유씨 부인이 외부로 보낸 편지는 총 25통이고, 받은 편지는 48통이다. 도합 73통이다. 그녀가 받은 편지 중 가장 빈도수가 높은 것은 남편의 서한으로 총 13통이다. 김호근은 약 6개월 정도 집을 비웠으므로, 1달에 2번 정도 부인에게 편지를 보냈고, 부인은 1달에 1번 답장을 했다. 첩과 서얼의 존재, 그리고 수한리에 와서도 매일 출타하는 남편의 행동을 볼 때 1달에 2번 편지를 보내는 것은 부부 사이가 유달리 가까워서가 아니라 평균적인 서신 왕래로 보인다.

서신은 원거리 친족들에 한하여 교환된 것은 아니다. 인근에 살고 있던 가곡댁·후촌댁·야계댁·수한댁 등에게 위문편지,

사망이나 병 등 위급한 소식을 전달하고 있다. 그 빈도수는 의외로 상당히 높다. 이 같은 성격의 편지를 부인은 10번 보내고, 10번 정도 받았다.

　그러나 대부분의 서신은 예상대로 원거리 친족들과 안부를 주고받는 데 활용되고 있다. 서울의 친족 여성들인 격동댁·교동댁·재동댁에게 4번 보내고 6번 받았다. 그리고 예산으로 추정되는 송정댁, 원거리의 월산댁 등과도 서신 왕래가 있었다. 이 중 윤댁으로부터 받는 편지는 총 10번으로 남편 다음으로 빈도수가 높다. 그녀는 부인의 딸처럼 매우 가까운 젊은 새댁으로 득녀 소식와 안부 및 기타 청탁조의 편지를 수시로 보냈다. 친정과의 편지도 4번 수신되고 있다. 가장 먼 곳에 거주하고 있는 친족과의 서신 왕래는 황해도 해주이다. 그녀의 서신 네트워크가 서울을 넘어 황해도까지 확대되어 있음을 알 수 있다.

　이러한 서신은 어떤 방법을 통해 교환되었을까? 편지를 전하는 방법에는 인편·전인·관편이 있다. 관편은 관인이 사용하는 공적인 통신 수단이며, 전인은 삯을 주고 대행하는 것이다. 인근 보령에 거주하는 조병덕의 경우 전인의 삯은 만만한 것이 아니었기에 주로 인편을 이용하고 있다.[101] 부인의 경우 자신의 종을 직접 보내 선물과 편지를 함께 보내는 경우도 있지만, 대부분 인편을 활용한다. 주변 친족들이나(『경술일기』, 1850년 11월 17일)

종들이 한양에 갈 때 그편으로 편지를 송부하거나 수신하는 것이다.

또한 황해도 등 원거리 지역으로 보내는 서한인 경우 서울로 편지를 보낸 후, 다시 서울에서 인편을 찾아 해당 지역으로 보내는 방법을 사용하고 있다. 예를 들면 서울 용산으로 가는 인편을 통해 황해도 해주로 가는 편지를 보냈는데(『경술일기』, 1850년 10월 4일), 서울에서 다시 인편을 물색하여 해주로 해당 편지를 송부했던 것이다. 이와 같이 19세기 중반 서울은 전국 편지의 집산지이자 재송부처 역할을 담당했다는 것을 알 수 있다.

선물 교환과 유대 강화

또 하나의 네트워크 관리방식이 바로 선물 교환이다. 선물은 예나 지금이나 사회적 유대관계를 형성·지속시키기 위한 효과적인 방법 중 하나이다. 조선시대 여성들은 지금보다 훨씬 더 많은 선물을 서로 주고받았다. 이 같은 현상을 최근의 연구자들은 하나의 '선물경제'라는 교환 시스템으로 파악하고 사회경제적인 의미를 부여하고 있다. 그러나 김호근가에서는 '선물경제'라 칭할 만큼의 선물 교환은 이루어지지 않고, 다만 사회적 유대 강화, 청탁, 상장례의 부조, 친목 도모적인 성격이 더 강하게 나타난다.

특히 선물은 사람 간의 관계성을 긴밀하게 만들고 지속시키는 데 탁월하다. 이러한 목적에서 친족 간 관계 유지 및 유대 강화를 위한 선물 교환이 총 132건(증여: 95회, 수취: 37회)임을 확인할 수 있다. 아울러 선물 교환망은 전국으로 확대되는 특징을 갖고 있다. 즉, 부인의 사회적 네트워크의 범위가 전국적이라는 뜻인데, 이 점에서 일반 평민 여성들과 차이가 있다고 하겠다. 선물 교환 대상지는 예산·청양·화산·보령·부여·공주·임실·서울·해주·황주 등지이다. 그것은 친족들의 관직 진출과 혼맥에 따라 연결망의 범위가 서울과 전국으로 확대되었기 때문일 것이다.

이러한 선물 교환의 범위는 유씨 부인의 서신 교환망, 방문객의 주거지와도 일치하고 있다. 그중 눈길을 끄는 선물이 있다. 부인은 서울의 전동·장동·교동·격동 및 타지역에 거주하

	선물 수입	%	선물 지출	%
교우	7	13	11	8
친족	37	70	95	86
하민	9	17	7	6
합계	53	100	113	100

(단위: 건)

표5 대상별 선물 교환의 비중

고 있는 친족들과 상호 왕래 및 많은 선물과 서신을 주고받았는데, 궁궐의 조대비전과 전동의 김대근에게는 거의 일방적인 선물 공세를 하였다. 김대근은 1836년에 병조참의, 경상감사를 지낸 인물이자 그의 부친은 공조판서 김한순金漢淳이다. 또한 김대근의 동생 현근은 순조의 부마였기 때문에 왕실과 가까이 연결되어 있는 인물이자 김호근의 친동생 학근이 양자로 간 집안이기도 하다. 전동의 김대근가에는 세 번의 선물이 보내지고, 이때 궁궐의 조대비전으로 가는 선물도 함께 송부된다. 또한 친동생 학근의 양부이자 해주와 황주목사로 재직했던 김헌순과의[102] 선물 교환도 눈에 띈다. 즉 김대근가로 보내는 선물은 친족 간의 유대관계 유지라는 성격 외에도 정치적 네트워크 유지 및 강화라는 요소가 복합적으로 작용하고 있다. 바로 이 지점에서 부인의 사회적 연결망이 서울의 궁궐까지 연결되어 있으며, 친족 간 연망과 선물교환이 단순한 의례 혹은 유대 강화라는 차원을 넘어서 정치적 기재라는 성격이 복합적으로 혼재되었음을 알 수 있다. 그것은 일방적인 고가의 선물 증여에서 짐작할 수 있다.

반면 부인이 받는 선물은 송출한 것에 비해 적다. 친족에게서는 37회, 남편의 친구로부터는 7회, 하민으로부터는 9회 정도이다. 일반적으로 고위직 남성 관료의 경우 친족보다 동료 및 하급 관인들로부터 받는 선물의 비중이 높게 나타나지만,[103] 유씨 부인의 경우 여성이며, 남편이 관직에 진출하지 못한 상태이므로 친족 비중이 매우 높다는 특징이 있다. 그러나 남편 쪽 교우와의 선물 교환 빈도수는 낮지만 고급 식재료나 생활용품을 교환한다는 측면에서 특징이 있으며, 부인이 대행한다는 성격을 갖고 있다.

이같은 부인의 사회적 관계와 연결망의 특징을 한마디로 요약한다면, 지역 경계를 넘어 다양한 방식으로 활발하게 교류가 이루어지고 있지만, 그 관계망은 남성들에 비해 협소하다는 특징이 있다. 즉, 당대 여성들이 부계 혈통의 친족망과 교우망에 편입되어 이 관계망을 잘 유지하는 것을 여성의 부덕으로 알고 살았는데, 유씨 부인도 이 역할에 매우 충실한 모습을 보여 주고 있다는 점이다. 그러나 그것은 피동적으로 이루어지는 것이 아니라 매우 자발적인 성격을 띠고 있다는 점에서 특이점을 발견할 수 있다. 그 이유는 남편과 자손의 영달, 배타적 통혼권과 기득권 유지,[104] 양반의 사회적 연결망 속에 재편입 등 여러 특권이 주어지거나 유지될 수 있었기 때문이었다. 이에 유씨 부인은 적극적으로 남성의 연결망을 유지하고 확대하는 데 기여했던 것이다. 실제로 부인의 내조와 네트워크 덕인지 김호근은 동창의 낭청, 장릉참봉莊陵參奉을(『승정원일기』, 고종 26년 4월 29일)[105] 지낸 것으로 알려져 있고, 큰아들 병대는 동부도사東部都事(『승정원일기』, 고종 26년 4월 29일), 홍산현감(『승정원일기』, 고종 31년 2월 27일), 대한제국기 중추원 의관직을 역임하였고, 둘째 아들 병두는 의금부도사義禁府都事, 정릉참봉(『승정원일기』, 고종 27년 8월 10일)을 지냈다. 그리고 딸은 19세기 말 군부대신과 학부대신을 역임한 이도재에게 시집을 보냈다.

    조선 최고의 유학자 퇴계 이황이 작성한 『규중요람』을 보면 여성의 최고의 덕을 "가정에 있을 때는 효녀가 되고, 혼인하면 공손한 부인이나 정숙한 처가 되고, 자녀를 낳으면 현명한 어머니가 되며, 불행하게도 과부가 되면 정녀가 되고, 환난(재난)을 당하면 열녀가 되어 후세에 여자 중의 으뜸이 되는 것"으로 기술하고 있다. 이 같은 퇴계의 여성관은 전 시대에 걸쳐 무한 재생산되는데, 18세기 호락논쟁을 이끌었던 저명한 유학자 남당 한원진 역시, 여성의 부덕婦德으로서 여공女工(여성 노동)을 끊임없이 강조하며, 순종적이며 희생적인 여성상을 그리고 있다.

    조선 양반의 삶은 도덕과 명분에 입각한 '겉으로의' 삶과 드러나지 않은 '안에서의' 사생활, 즉 이중적으로 구성되어 있었다. 여성 또한 순종적이며 희생적인 겉으로의 삶과 자신과 자식의 권리와 이익을 보호·추종하는 내밀한 사적인 영역으로 구성되어 있다. 그중 여성의 사생활은 다양한 편차를 갖고 있었다. 본 책에서 살펴본 유씨 부인은 반가의 종부답게 '봉제사 접빈객'에 충실하고, 친족 어른들을 잘 모시며, 남편의 교우와 사회적 연결망을 유지·확대하는 여성이었다. 거의 매일 출타하는 남편을 대신하여 가정도 계획적으로 잘 경영하였고, 검소하고 부지런하며, 노비 관리 능력도 뛰어났다. 남편의 문과 급제와 출세를 위해, 득남을 위해 떡을 놓고 빌기도 하고 점도 쳤다. 또한 첩이 있는 서울로 자꾸 발걸음을 돌리는 남편이 원망스러워 조용히 눈물을 짓는 여성이기도 했다. 이런 여성을 '공적인 공간'에서 남성들이 묘사할 때는 평범한 조선의 현모양처로 그렸을 것으로 짐작된다.

남성에 의해 '만들어진' 상을 살짝 걷어 내고 여성이 직접 작성한 일기를 살펴보니 아주 다른 상이 눈앞에 펼쳐졌다. 19세기 '갈미 김씨'로 홍성 지역에서 위세를 떨쳤던 양반댁 종부가 주변 노동력을 이용하여 면포를 생산하고 의복을 제작·판매하며, 노비를 시켜 서울에서 귀금속과 안경을 도매로 가져와 판매하고, 거기서 창출된 수익금을 다시 고리대로 재투자하여 가계를 경영했을 것이라고 누가 상상이나 했을까?

유씨 부인의 치산 행위는 그동안 학계에 확실하게 알려지지 않은 부분이었다. 유학자들이 기술한 여성의 행장에는 남성들이 이상화한 여성상만 그려지곤 했다. 그중 양반들이 제일 금기시 한 금전 문제와 경제활동은 더더욱 가려졌다. 그래서 이윤을 추구하는 상인들을 천시하고, 고리대 행위를 비난하였다. 그렇다 하여 그들이 실제로 돈을 싫어하거나 이윤을 추구하지 않은 것은 아니다. 현실에서 실질적인 힘은 돈과 양반 신분에서 나오기 때문이었다. 그래서 남성들은 하인을 시키거나, 혹은 부인의 고리대 활동이나 상업 행위를 짐짓 모른 채 눈을 감았다. 겉으로 드러나지 않으면 괜찮기 때문이었다. 그리고 은근슬쩍 '치산'의 범위를 살림을 잘하는 것에서 18·19세기에는 재산증식까지 포함하는 것으로 확대시켰다. 이 같은 양반 남성들의 이중성은 여성으로 하여금 생존 전략을 모색하게 하고 능력을 배가시켰다. 자신과 자식을 지켜야 했기 때문이었다.

유씨 부인은 이 재산을 자신의 것으로 확보하는 것을 잊지 않았다. 즉, 남편 돈과 자신의 돈을 엄격하게 구분하여 관리하고 있었던 것이다. 축적한 자본은 부인에게 실질적인 힘을 제공하였다. 부인에게 대출을 요청하는 수많은 친족과 하민, 심지어 자신의 돈까지 증식시켜 달라는 요청은 그녀의 사회적 연결망의 유지 및 하민들의 결속을 위해서도 중요하게 기능했을 뿐만 아니라 권위를 높이는 것이기도 했다. 예나 지금이나 한 개인의 실질적인 힘은 경제력과 개인의 능력이 의한 것이며, 부가적으로 선물 증여와 청탁의 해결 등을 통해 창출·유지되기 때문이다.

이렇게 구축한 부인의 사회적 자본과 네트워크는 일반 여성의 것에 비해 규모가 크다. 부계 친족집단과 가장의 교우 집단을 기본으로 하는 그녀의 네트워크는 전국으로 확대되어 있고, 이를 잘 관리함으로써 그녀가 활용할 수 있는 사회적 자본이 형성되었다. 결국 이러한 노력이 결실을 맺어 가장인 김호근과 두 아들의 관직 진출 및 후일 학부대신이 되는 사위 이도재와의 혼사로 이어지는 것이 아닌가 싶다.

이러한, 조선 종부의 위상을 우리는 어떻게 이해해야 할까? 모든 사족 여성이 그러한 것은 아니고 지역적 편차도 있었지만, 양반가의 종부는 실권을 가지고 가계를 운영해 갔다. 유씨 부인의 사례에서 보았듯이 그녀는 상당한 능력을 지녔고, 영민하며, 경제관념도 있고, 주체적·적극적으로 자신의 역할을 수행하는 능동적인 여성이었다. 부인은 '사적 공간'에서 행해지는 모든 행위와 업무를 독자적으로 관장하고 있었고, 가장인 남편은 대외적 업무 등을 담당하고 있었다. 양반 부부의 역할은 '안과 밖'으로 구분되고, 각자 상대방의 역할과 행위에 간섭을 자제하였다. '사적 공간'인 가정 내에서 부인의 위상은 상당히 높았다. 가족 구조상 시부모가 사망하고 남편 또한 대체로 부재중이어서 그녀는 실질적으로 생산물의 통제와 배분을 관장할 권한을 가지고 있었다. 또한 종손을 출산한 그녀는 대를 이었다는 명분을 확보하였고, 그녀의 명을 수행할 노비도 43명이나 존재하고 있었다. 30세라는 나이, 여성의 가내 독자성을 인정해 주는 '내외법'과 종부라는 사회적 위치, 종손의 출산, 그리고 적극적인 치산을 통해 가정 경제에 상당히 기여했다는 점에서 그녀는 집안 내에서 상당한 권력을 확보하고 있었다. 그러나 가정 내에서의 권력과 위상이 곧바로 사회 권력으로 연결되는 것은 아니었다.

일반적으로 여성의 지위는 다음과 같은 요소들에 의해 규정된다고 한다. 생산 방식, 생산물의 통제와 처분 권한, 가계의 공식적 대표성, 가족구조와 양육 방식, 성에 대한 이데올로기와 통치 담론, 여성의 생산활동 참여정도가 중요한 요소로 지적되고 있다. 여성이 가정경제에 결정적으로 기여했더라도, 이에 대한 사회적 평가는 남성 중심의 담론에 의해 여성에게 불리하게 작용한다는 것이다. 또한 여성이 정치력을 확보하지 못한다면, 재화 분배에서 소외되고 결과적으로 사회에서 정당한 평가를 받지 못한다는 것이다. 즉, 경제력은 여성의 지위에 필요 조건이지 필수 조건은 아니라는 것이다.[106] 서구 학계에서도 서구의 역사적 경험으로 볼 때 여성의 임금소득이 경제적 조건을 향상시킬 수 있지만, 곧바로 여성의 사회적 지위 개선으로 이어지지 않았음을 지적하고 있다.[107] 여성이 임노동 시장에 들어가는 것은 가족의 전략에 따른 것이고, 이는 가족 내 여성의 책임을 완수하는 논리로 해석되어 유통되고 있다는 뜻이다.

이와 같이 조선의 여성들은 사회·정치적 대표성과 공식 권력에서 소외되고, 유교 통치 이념을 통해 차이가 차별로 정당화되고, 사회와의 접촉이 남성에 의해 중개되면서 사회적 위상이 하락하게 되었다. 특히 경제적·신분적·성적으로 중층적인 차별과 억압 대상이었던 기층 평민 및 노비 여성의 경우 그 처지는 더욱 열악했을 것이다. 그러나 양반가 종부인 유씨 부인은 사회적으로 타자이지만, '사적 공간'의 실력자로서 자기 위상을 확보한 것으로 보인다. 즉, 18·19세기 몰락 양반들이 출현할 때 '치산'을 통해 가정경제를 안정적으로 운영하는 실력을 발휘함으로써 '사적 공간'을 인정받고, 확보했던 것으로 보인다. 이 같은 현상은 18·19세기 종부들의 적극적인 현실 타개책이 아니었나 싶다.

1 閨身, 「여탄가」, 『규방가사 I』, 권영철 옮김, 한국정신문화연구원, 1979, 28쪽.

2 하영휘, 『양반의 사생활』, 푸른역사, 2008, 184-193, 243쪽.

3 실제로 1849년 11월 9일 차례는 행촌어른과 용암댁에서 와 함께 지냈다.

4 행장은 죽은 사람이 평생 살아온 일을 적은 글이며, 제문은 죽은 사람에 대하여 애도의 뜻을 나타낸 글이다.

5 「杞溪兪氏大同譜編纂委員會」, 『杞溪兪氏』 5편, 권14, 회상사, 1991, 64쪽, 728쪽.

6 『水北文集』, 『年譜』 3책, 국립도서관 소장.

7 중앙의 정치 변동은 이 지역 사족들에게 직접적으로 영향을 끼치고 있었다. 대부분의 이들 가문은 서울 등지에 가옥이 있거나 가까운 인척이 있었다. 서울과의 지역적 연고는 식민지기를 거쳐 현대에 들어서면서 서울로 집단 이주하게 한 요소 중 하나였다. 따라서 현재 이 지역에는 안동 김씨의 동족마을이나 집단 주거지가 존재하지 않으며, 마을 주민 중 이들의 후손도 찾아보기 힘들다.

8 『적소일기』란 유배 간 남성들이 귀양지에서 작성한 일기이다.

9 '봉제사 접빈객'이란 조상 제사를 잘 모시고, 손님을 잘 접대한다는 것으로 조선 여성의 주요 업무로 강조된 것이다.

10 기존 연구에 의하면 500석 정도의 지주면 군내에서 중지주, 전국적으로 상위 0.1-0.5%선에 속하나, 흉년 시에는 식생활에 애로를 겪을 수 있는 그룹에 속한다고 보았다. 이헌창, 「18세기 황윤석가의 경제생활」, 『이재난고로 보는 조선 지식인의 생활사』, 한국학중앙연구원, 2007, 345-346쪽.

11 제사, 결혼, 및 장례 등 집안 행사를 뜻한다.

12 내외법이란 조선시대 남녀의 사회적 규제를 일컫던 관습법을 뜻한다.

13 이와 관련된 연구는 졸고, 「19세기 중반 호구단자에 기재된 노비명의 검토」, 『향토서울』 91(서울역사편찬원, 2015)를 참조할 것.

14 천만이는 서울과 갈산을 6일 만에 왕복하고 있다.

15 남평 조씨 지음, 전형대 역주, 『丙子日記』, 예전사, 1991, 1638년 5월 18일; 1638년 5월 19일; 1638년 5월 21일. 이 일기에는 노비를 다른 집으로 파견하는데, 후일 받을 품앗이로 기재되어 있다.

16 송시열, 『戒女書』, 김창흡, 『先妣行狀』

17 이성임, 「조선중기 어느 양반가문의 농지경영과 노비사환」, 『진단학보』 80, 진단학회, 1995, 145-149쪽.

18 이우연, 「농업임금의 추이: 1853-1910」, 『맛질의 농민들』, 일조각, 2002, 193쪽, 【표 5-5】.

19 이두순·박석두, 『한말-일제하 양반 소지주가의 농업경영 연구』, 한국농촌경제연구원, 1993, 88쪽.

20 노비와 노비주 간의 이러한 사례는 조선시대 역사상 수없이 많이 나타나며, 외부 관찰자였던 카톨릭 선교사들의 증언에도 나온다. 즉, 대다수의 양반은 노비에게 매우 인간적으로 대하였으며, 고용 노동자보다 더 나쁘게 대하지 않았다는 것이다. 또한 양반들이 노비를 잔혹하게 대하는 경우에는 재판을 받아야만 한다고 전하고 있는데, 이러한 평은 개화기 향촌사회를 방문했던 많은 외국인이 동일하게 받았던 인상이기도 하다. 미하일 알렉사드로비치 포지오 지음, 이재혼 옮김, 『러시아 외교관이 바라본 근대 한국』, 동북아역사재단, 2010, 193쪽.

21 하나의 사례로 갈치 한 마리를 들고 밤에 찾아온 귀점이는 잠을 자고 두 끼를 먹고 다음날 돌아갔음에도 10냥을 빌려 갔다고 한다.

22 남미혜, 「조선후기 사대부가 여성의 치산과 경제활동」, 『동양고전연구』 64, 동양고전학회, 2016, 205쪽.

23 남미혜, 『조선시대 양잠업연구』, 지식산업사, 2009, 263, 269쪽.

24 직물의 제조과정에 대해서는 다음을 참고하였다. 권태억, 『한국근대면업사연구』, 일조각, 1989, 16-18쪽.

25 오광운, 「어머니 숙부인 안씨의 묘지」, 『18세기 여성생활사자료집』 2, 보고사, 2010, 239쪽.

26 이헌창, 『한국경제통사』, 해남, 2012, 186쪽.

27 신작, 「부인 경주김씨의 행장」, 『19세기·20세기 초 여성생활사 자료집』 1, 보고사, 2013, 569쪽.

28 이시원, 「딸 정씨 제문」, 『18세기 여성생활사자료집』 4, 376쪽.

29 신기선, 「할머니 유인 연안 이씨 행장」, 『19세기·20세기 초 여성생활사 자료집』 9, 129쪽.

30 일부 사족 여성의 방적 활동은 自家 수요에 국한된 것이 아니라 판매를 위한 생산을 하고 있다. 황윤석, 「아내 행장」, 『18세기 여성생활사 자료집』 2, 보고사, 2010, 331쪽; 윤봉구, 「누이동생 숙부인 윤씨의 묘지」, 같은 책, 127쪽.

31 우대형, 「조선 후기 인구 압력과 상품작물 및 농촌 직물업의 발달」, 『경제사학』 34, 경제사학회 2003, 21쪽.

32 金坽, 『溪巖日錄』 1634년 5월 22일, 『승정원일기』, 영조 23년 2월 14일자; 남미혜, 앞의 책, 267쪽, 주 48, 49 재인용.

33 19세기 경산도 선산의 노상추는 양잠으로 건사 3근을 생산하여 1근은 가내수공업으로 명주를 짜고, 나머지 2근은 장시에 13냥을 받고 판매하였다고 한다. 남미혜, 앞의 책, 269-270쪽.

34 졸고, 앞의 글, 2015.

35 유치명, 「며느리 공인 문소 김씨 행록」, 『19세기·20세기 초 여성생활사 자료집』 4, 보고사, 2013, 72쪽, "공인이 절명하기 전에 양포(洋布)로 염습하지 말 것을 당부했었다. 양포라는 것은 서양에서 나온 면포인데, 화사하고 톡톡해서 옷을 지어 입는데 좋은 물건이다." 임헌회, 「정부인에 추증된 어머니 홍씨 가장」, 『19세기·20세기 초 여성생활사 자료집』, 6권, "사돈댁에서 서양목으로 만든 옷을 보내기라도 하면 물리치며 입지 않고 이르시길, 이것들은 기이하고 넉넉한 것으로, 우리 부모님과 시부모님께 드리지 못한 것이다. 하물며, 내가 임인년(1842) 이후로 화려한 것을 입지 않기로 결심한 뒤임에랴!' 하셨다.

36 성해응, 「막내 당이모 이유인의 애사」, 『19세기·20세기 초 여성생활사 자료집』, 1, 379쪽.

37 신작, 「큰누이 박 숙인의 행장」, 같은 책, 1, 511쪽.

38 유씨 부인은 어린 남자아이 옷을 시장에서 구입하기도 하였다.

39 옷감 53척으로는 여성 치마 2벌, 혹은 여성 치마 1벌에 저고리 3벌을 만들 수 있다.

40 일기에 기입된 대로 치마 14냥, 저고리 7냥으로 계산하였다.

41 신작, 「부인 경주김씨의 행장」, 『19세기·20세기 초 여성생활사 자료집』 1, 보고사, 2013, 569쪽.

42 신기선, 「할머니 유인 연안 이씨 행장」, 『19세기·20세기 초 여성생활사 자료집』 9,

133쪽.

43 임헌회, 「정부인에 추증된 아내 윤씨 행록」, 『19세기·20세기 초 여성생활사 자료집』, 6, 107쪽.

44 송정은, 「숙모정부인 전주이씨 행장」, 『18세기 여성생활사 자료집』 1, 보고사, 2010, 30쪽.

45 김창흡, 「아내 이씨에게 올리는 제문」, 같은 책, 109쪽.

46 심노숭, 「언행기」, 『19세기·20세기 초 여성생활사 자료집』, 9, 19쪽.

47 곽종석, 「이유인 묘지명」, 『19세기·20세기 초 여성생활사 자료집』, 7, 307쪽.

48 조선시대 자료에는 여성 방물장수들의 존재가 종종 등장한다. "어려서 친정 부모님 옆에 있을 때에도 방물장수와 행상이 파는 아름다운 귀고리와 옥 노리개를 찾은 적이 없었다. 여러 자매는 모두 사 달라고 하는데 그대만 홀로 조각처럼 구석에 앉아 물건에 손도 대지 않았다. 방물장수가 괴이히 여겨 물어봐도 미소만 지을 뿐이다." 『19세기·20세기 초 여성생활사 자료집』 9, 19쪽.

49 한효정, 「17세기 전후 양반가 부인의 경제생활연구」, 성신여대 박사논문, 2007, 118-121쪽, 124-128쪽.

50 황수연, 「19세기 사족 여성의 빈곤 경험과 대처에 관한 연구」, 『여성문학연구』 32, 한국여성문학학회, 2014; 김현미, 「19세기 조선 학자의 딸/선비의 아내로 산다는 것」, 『한국문화연구』 20, 이화여대 한국문화연구원, 2011.

51 윤진숙, 「조선시대 균분상속제도와 그 의미」, 『법철학연구』 16-2, 한국법철학회, 2013.

52 송찬섭, 「19세기 환곡운영의 변화와 환보의 부세화」, 『외대사학』 4, 외대사학회, 1992; 이영호, 『한국근대지세제도와 농민운동』, 서울대학교 출판부, 2001.

53 이덕무, 「부녀자가 지켜야 할 행실」, 『18세기 여성생활사 자료집』 6, 보고사, 2010, 451쪽.

54 이이순, 「아내 의인 선성이씨에게 올리는 제문」, 『19세기·20세기 초 여성생활사 자료집』 1, 보고사, 2013, 77-80쪽.

55 서유구, 「낳아주신 어머니 정부인 한산이씨 유사를 쓰다」, 『19세기·20세기 초 여성생활사 자료집』 2, 306쪽.

56 최승희, 「조선후기 고문서를 통해 본 고리대의 실태」, 『한국문화』 19, 규장각, 1997, 94쪽; 마석한, 「17,8세기의 고리대 활동에 대하여」, 『경주사학』 8, 경주사학회, 1989,

59쪽.

57 김재호, 「농촌사회의 신용과 계: 1853-1934」, 『맛질의 농민들』, 일조각, 2001.

58 배항섭, 「충청지역 동학농민군의 동향과 동학교단」, 『백제문화』 23, 공주대 백제문화 연구소, 1994; 양진석, 「충청도 지역의 농민전쟁」, 『1894년 농민전쟁연구』 4, 역사비 평사, 1995.

59 김철규는 유씨 부인의 둘째 아들 병두의 둘째로, 큰아버지 병대가 절손되자 입후되 었다.

60 김우철 역주, 『여지도서』 10, 충청도, 홍주, 方里, 고북면 수한리, 흐름, 2009, 327쪽. 여지도서에 나오는 이 지역의 특산물로 청어·생복·소라·김·황각·청각·세모(참가사 리)·상어·홍어·수어(숭어)·노어(농어)·오적어(오징어)·낙제(낙지)·석화(굴)·대하·석수어 (조기)·골독(꼴두기)·진어(준치)·민어·도어(갈치)·게 등이 기재되어 있다.

61 고동환, 『조선시대 시전상업연구』, 지식산업사, 2013, 190쪽.

62 유치명, 「며느리 공인 문소 김씨 행록」, 『19세기·20세기 초 여성생활사 자료집』 4 보 고사, 2013, 72쪽.

63 임헌회, 「정부인에 추증된 어머니 홍씨 가장」, 『19세기·20세기 초 여성생활사 자료 집』 6, 69쪽.

64 『山林經濟』 1권 治圃편, 수박과 참외 재배법이 나온다.

65 같은 책, 섭생편.

66 정수환, 「18세기 권상일의 시장접촉과 화폐경제생활」, 『사학연구』 104, 한국사학회, 2011, 39쪽.

67 정수환, 「18세기 이재 황윤석의 화폐경제생활」, 『고문서연구』 20, 한국고문서학회, 2002, 163-164쪽.

68 같은 글, 171쪽.

69 정수환, 「조선후기 능참봉의 경제활동의 실제」, 『민족문화논총』 38, 2008; 「18세기 권 상일의 시장접촉과 화폐경제생활」, 39쪽.

70 고동환, 「국가의 농민 지배방식의 변동을 통해 본 조선후기 사회성격의 해명」, 『역사 와 현실』 30, 한국역사연구회, 1998; 이헌창, 「1678-1865년간 화폐량과 화폐가치의 추이」, 『경제사학』 27, 경제사학회, 1999; 이정수, 「16세기 중반-18세기 초의 화폐유 통 실태」, 『조선시대사학보』 32, 조선시대사학회, 2005; 윤용출, 『조선후기의 요역제 와 고용노동』, 서울대학교 출판부, 1998.

71 졸고, 「조선 여성의 선물교환 실태와 연망」, 『조선시대사학보』 75, 조선시대사학회, 2015.

72 전경목, 「일기에 나타나는 조선시대 사대부의 일상생활」, 『정신문화연구』 19-4, 한국학중앙연구원, 1996.

73 김현영, 「16세기 한 양반의 일상과 재지사족」, 『조선시대사학보』 18, 조선시대사학회 1999, 75쪽.

74 정진영, 「조선시대 지방양반들의 일상생활」, 『Design Studies』 Vol. 19, 2002, 95-96쪽.

75 아산 외암리, 성요경 종부 구술, 2005. 12. 20. 성요경 할머니는 예안 이씨 문정공파 이은선(이간의 후손)의 부인으로 교수댁의 작은집이다. 인터뷰를 한 결과 식민지기 이 집안에서는 기제사 외에도 매월 초하루와 보름에 사당 차례를 하였고, 설, 추석, 한식, 단오, 유두, 칠석, 동짓날 차례를 지냈다고 한다. 약 30여 회가 넘는 제사를 모신 것으로 보인다.

76 천신제란 죽은 조상이 생전에 드시던 제철 음식을 돌아간 뒤에도 드신다는 관념에 따라 시행되었는데, 품목은 곡식, 과일, 나물, 생선, 산짐승에 이르기까지 다양하다.

77 『가례원류』란 집에서 지켜야 할 여러 의례를 정리한 책이다.

78 2016년 10월 8일 서울시 관악구 서원동 김희동 자택, 종손 김희동, 종부 김정환 구술 채록.

79 약주란 탁주(막걸리)의 숙성이 거의 끝날 때쯤, 술독 위에 맑게 뜨는 액체 속에 싸리나 대오리로 둥글고 깊게 통같이 만든 '용수'를 박아 맑은 액체만 떠낸 것이다.

80 비숍(신복룡 역), 『조선과 그 이웃나라들』, 집문당, 1999, 84쪽. "조선의 집은 남편과 아내, 그리고 아이들만으로 구성되어 있지만 않다. 거기에는 부모님과 하인은 말할 것도 없고 식객과 같은 친척이 살고 있다."

81 김상현은 광산 김씨로 서울에 거주하였다. 17세에 진사, 1859년 증광문과에 급제하였는데, 고종 때 대제학, 도총관, 경기도 관찰사, 이조판서를 역임하였다.

82 화전은 찹쌀가루를 연하게 반죽하여 후라이팬에 얇게 펴 놓고 그 위에 진달래 등 제철에 나는 꽃잎을 장식하여 지진 떡이다. 서울·경기 지역의 떡이다.

83 두텁단자는 찹쌀가루를 익반죽하여 여러 가지 소를 넣고 둥글게 빚어 끓는 물에 삶아 팥고물을 묻힌 떡이다.

84 느리미는 양념한 쇠고기, 데친 도라지 배추, 쪽파, 다시마 등을 같은 크기로 썰고, 모든 재료를 꼬치에 꿴 후 간장 양념을 한 후 팬에 지지는 음식이다.

85 수란은 계란을 깨뜨려 끓는 물에 넣어 반쯤 익혀 초장을 친 음식이다.

86 어채는 궁중 주안상 음식으로 각종 채소와 생선을 살짝 데쳐 양념간장에 무친 음식이다.

87 묵채는 녹두, 도토리, 메밀 등으로 묵을 쑤어 미나리, 오이 등 각종 야채와 함께 낸 음식이다.

88 궁중의 잔치 음식 중 하나로, 녹두가루를 반죽하여 익힌 것을 가늘게 썰어 오미자 국에 띄우고, 꿀을 섞고 잣을 곁들인 것을 화면이라고 한다. 혹은 진달래꽃을 녹두가루에 반죽하여 만들기도 한다.

89 정과는 생과일이나 식물의 뿌리, 혹은 열매에 꿀을 넣고 조린 것이다.

90 충남지역의 대표적인 과일로 감을 뜻한다.

91 『신증동국여지승람』, 제19권 충청도 홍주목.

92 갑피떡은 녹두소나 팥소를 넣어 반달 모양으로 만든 떡이다. 궁중에서는 갑피병이라고 하였다.

93 수단은 물에 떡이 들어 있다는 뜻으로 쌀가루나 밀가루를 빚어 한 푼 반 길이로 썰어 꿀물에 넣고 실백을 띄운 음식을 말한다.

94 청주는 원래 약주와 동일어로 사용했으나 일제 강점기 일본인들이 우리나라의 탁주나 맑은 술(약주)은 조선주라 하고, 자기들의 맑은 술(정종)은 청주라고 구분하였다. 이것이 관례화되어 일본식으로 빚은 맑은 술만을 청주라 하여 재래주와 구별하고 있다.

95 타래과는 밀가루를 꿀물에 반죽하여 기름에 지진 유밀과로 매자과라고도 한다. 명절음식이다.

96 왜 찬합은 19세기 들어와 사료에 나타나는데, 부산의 왜관을 통해 들어 온 수입품이 아닌가 싶다. 한양의 시전에는 청국이나 일본을 비롯하여 서양의 면포와 비단도 유통되고 있었고, 유씨 부인은 인근 장시에서 서양목도 구입하고 있었다. 아마도 왜 찬합도 지방 장시나 보상들을 통해 구매가 가능한 품목으로 추정된다.

97 오런어는 검은색 잉어과 물고기로, 보신용으로 사용되었다.

98 신장섭, 「세기풍속시를 통한 조선 후기 세시풍속의 의미와 양상」, 『비교문학』 46, 한국비교문학회, 2008, 190쪽; 성범중, 「새해맞이 한시 연구」, 『한국한시연구』 18, 한국한시학회, 2010, 141쪽. 문안비 관련 내용은 이 일기와 동일 시기에 작성된 李子有의 『東國歲時記』(1849)에 나타난다. 또한 柳得恭의 『京都雜志』 권2에도 나와 있는바, 정월 초하루 아침에 소비(少婢)를 단장시켜 새해 좋은 인사로써 서로 축하했다고 한다.

연산군 때는 종친으로부터 보내오는 문안비가 매일 대궐 안에 모여들어 시장과 다름이 없어서 연신(筵臣)이 왕에게 5일에 한 번씩 하자고 했더니 왕이 선조의 예를 들어 윤허하지 않았다는 기록도 있다. 문안비에 대한 논의는 다음 중종대에도 끊이지 않아 마침내 촌수를 제한하자는 논의까지 나왔다.

99 이들은 야계댁 새댁의 근친 행렬과 함께 다녀오는데, 여러 이유로 인해 장거리 여행은 그룹지어 다니는 것으로 보인다.

100 홍학희, 「17-18세기 한글 편지에 나타난 송준길 가문 여성의 삶」, 『한국고전여성문학연구』 20, 한국고전여성문학회, 2010, 72-73쪽.

101 하영휘, 『양반의 사생활』, 푸른역사, 2008, 207-219쪽.

102 한국역대인물종합정보시스템, 김장순 편.

103 이성임, 「16세기 양반사회의 선물교환」, 『한국사연구』 130, 한국사연구회, 2005, 65쪽; 박이택, 「농촌사회에서의 선물교환」, 『맛질의 농민들』, 일조각, 2001, 335-337쪽.

104 권내현, 「조선후기 동성촌락 구성원의 통혼 양상-단성현 신등면 안동권씨 사례」, 『한국사연구』 132, 한국사연구회, 2006.

105 莊陵은 강원도 영월군 영월면 영흥 4리에 있는 조선 제6대왕 단종의 능이다. 비록 능참봉이지만 장릉참봉은 상당한 명예직이었다 한다.

106 정현백, 김정안, 『처음 읽는 여성의 역사』, 동녘, 2011, 34쪽; 「'여성사 쓰기'에 대한 (재)성찰」, 『역사교육』 102, 역사교육연구회, 2007, 179, 185쪽.

107 조앤 스콧 & 루이스 틸리 지음, 김영 옮김, 『여성, 노동, 가족: 근대 유럽의 여성 노동과 가족 전략』, 앨피, 2007.

참고문헌

『영조실록』, 『순조실록』, 『헌종실록』, 『고종실록』, 『비변사등록』, 『목민심서』, 『고문서집성』, 『승정원일기』, 『비변사등록』, 『신증동국여지승람』, 『호구총서』, 『여지도서』, 『山林經濟』.

국사편찬위원회 엮음, 『묵재일기』, 상·하, 1998.
金羲東家 소장; 『경술일기』, 『적소일기』, 『호구단자』, 『토지장부』, 『安東金氏世譜』 권6.
金履廙, 김희동 편집, 『僅窄集』, 2011.
남평조씨, 전형대·박경신 역주, 『병자일기』, 예전, 1991.
민족문화추진위원회, 『한국문집총간』 33, 민추, 1989.
송재용, 『한국 의례의 연구』, 제이앤씨, 2007.
＿＿＿＿＿, 『홀로 벼슬하며 그대를 생각하노라』, 사계절, 2003.
신작, 『석천유고』, 한국문집총간, 279, 민추, 2003.
기계유씨대동보편찬위원회, 『杞溪兪氏』 5편, 권14, 회상사, 1991
이화여대 한국여성사 편찬위원회 엮음, 『한국여성관계자료집』, 근세편, 이대출판부, 1990.
이경하 역주, 『18세기 여성생활사자료집』 1-10, 보고사, 2010.
홍학희 역주, 『19, 20세기 여성생활사 자료집』 1-10, 보고사, 2013.
홍성군지편찬위원회 엮음, 『홍성군지』, 증보판, 1993.
갈산면지편찬위원회, 『갈산면지』, 2010.

고문서학회, 『조선시대 생활사』, 역사비평사, 1996.

권태억, 『한국근대면업사연구』, 일조각, 1989.

김성희, 『한국여성의 가사노동과 경제활동의 역사』, 신정, 2002.

김현숙, 『조선의 여성, 가계부를 쓰다』, 경인문화사, 2018.

김희동, 『나의 뿌리를 찾아서』, 목민, 2007.

남미혜, 『조선시대 양잠업 연구』, 지식산업사, 2010.

이경구, 『조선후기 안동 김문 연구』, 일지사, 2007.

정수환, 『조선후기 화폐유통과 경제생활』, 경인문화사, 2013.

하영휘, 『양반의 사생활』, 푸른역사, 2008.

강혜선, 「조선후기 사족여성의 경제활동과 문학적 형상화 양상」, 『한국고전
　　　여성문학연구』 24, 2012.

고동환, 「18·19세기 외방포구의 상품유통 발달」, 『한국사론』 13, 1985.

김광억, 「관계의 망과 문화공동체」, 『조선양반의 생활세계』, 백산서당,
　　　2004.

김성희, 「여성의 직조노동과 지위의 변화」, 『한국가정관리학회지』 19(5),
　　　2001.

김현숙, 「19세기 중반 호구단자에 기재된 노비명의 검토」, 『향토서울』 91,
　　　2015.

김현영, 「16세기 한 양반의 일상과 재지사족」, 『조선시대사학보』 18, 1999.

마석한, 「17·8세기의 고리대 활동에 대하여」, 『경주사학』 8, 1989.

송재용, 「묵제일기와 미암일기를 통해 본 16세기 관·혼·상·제례」, 『한문학
　　　논집』 30, 2010.

이문자, 「종가의 형성과 제사-우봉 김성일가를 중심으로」, 성균관대 석사
　　　논문, 2008.

이배용, 「한국사 속에서 여성의 공적영역과 사적영역」, 『여성학논집』 14-15, 1998.

이성임, 「조선 중기 호회문가의 물품구매와 그 성격」, 『한국학연구』 9, 인하대, 1998.

이순구, 「조선초기 여성의 생산노동」, 『국사관논총』 49, 1993.

이우연, 「조선후기 노비 가격의 구조와 수준, 1678-1889」, 『경제학연구』 58(4), 2010.

이정수, 김희호, 「17 -18세기 고공의 노동성격에 대한 재해석」, 『경제사학』 12, 2009.

이헌창, 「조선왕조의 경제통합체제와 그 변화에 관한 연구」, 『조선시대사학보』 49, 2009.

_____, 「18세기 황윤석가의 경제생활」, 『이재난고로 보는 조선 지식인의 생활사』, 한국학중앙연구원, 2007.

장병인, 「조선시대 여성사 연구의 현황과 과제」, 『여성과 역사』 6, 2009.

정수환, 「18세기 권상일의 시장접촉과 화폐경제생활」, 『사학연구』 104, 2011.

정진영, 「조선후기 호적자료의 노비기재와 그 존재 양상」, 『고문서연구』 25, 2004.

정해은, 「조선시대 여성사연구, 어디로 가고 있는가」, 『역사와 현실』 91, 2014.

최승희, 「조선후기 고문서를 통해 본 고리대의 실태」, 『한국문화』 19, 1997.

한효정, 「17세기 전후 양반가 부인의 경제생활연구」, 성신여대 박사논문, 2007.